An diesen schönen Anblick werden Sie sich schnell gewöhnen: Krabbenkutter gehören zum Urlaub an der Küste wie Kluntjes zum Tee.

Karten und Pläne

Die Buchstaben-Zahlen-Kombinationen im Text verweisen auf die Planquadrate der Karten.

Wasser, Weite, Wind und Wolken – das ist die Ostfriesenmischung, die nach Urlaub klingt. Ostfriesland ist in jeder Beziehung ein Inselland, sogar auf dem Festland.

Dünen auf Norderney: Um die vom Wind geschaffene Schönheit der Sandhügel nicht zu zerstören und ihre Schutzfunktion zu erhalten, sollte man nur die Wege benutzen.

»Moin, moin« – da fängt es schon an! So wird es auch aufhören, denn Ostfriesen grüßen zu jeder Tageszeit in dieser Form. Dieser Gruß ist auch fast das Einzige, was hier nicht von Ebbe und Flut und somit vom Mond abhängig ist, und es wäre ein Irrtum, daraus zu schließen, dass Ostfriesland hinter dem Mond liege, wie Unverbesserliche behaupten. Aber es ist die erste und gewiss nicht die letzte Gelegenheit der Ostfriesen, sich an den berüchtigten Witzen zu rächen. Dies »Moin« ist nämlich keine genuschelte Abkürzung von »Guten Morgen«, sondern bedeutet »Schönes«. Rücksichtsvoll und höflich stellen die Einheimischen dem Fremden, der gekommen ist, sich an Ferientagen beim **Ostfriesenabitur** zu vergnügen, keine so schwierigen Fragen. Er hat ohnehin genug damit zu tun, seine Vorurteile abzubauen.

Charme der Provinz

»Aurich ist schaurich« stöhnten Generationen niedersächsischer Lehrerstudenten in banger Erwartung, ihr Junglehrerdasein, das möglicherweise erst mit der Pensionierung enden würde, im hohen Norden beziehungsweise dort, am Ende der Welt, verbringen zu müssen. Wenn ein vermeintlich gnädiges Schicksal ihnen das ersparte und das städtisch-turbulente Schulleben sie erschöpfte, stellten sie das Fahrrad auf's Autodach und fuhren ein paar Tage zur Erhohlung nach Ostfriesland, »weil da nichts los ist«, um dort den Charme der Provinz zu genießen. Da fanden (und finden) sie, über Ostern zum Beispiel, alle andern, aber kein Quartier mehr. Das Land am Meer, von dem Feriengäste über lange Zeit hauptsächlich die Inseln schätzten, und das Fremdenverkehrsverbände auch südliche Nordsee nennen, hat längst euphorische Fürsprecher gefunden.

Nicht überall ist Ostfriesland

Mittlerweile denken viele, »alles da oben« sei Ostfriesland, von der holländischen Grenze im Westen bis zum Jadebusen im Osten, die kreisfreie Stadt Wilhelmshaven inklusive, das Land bis Oldenburg ohnehin und die Inseln sowieso, also auch Wangerooge. Aber Jever ist der Verwaltungssitz des oldenburgischen Landkreises **Friesland,** und auch Wangerooge gehört zu **Oldenburg**. Damit sei ein geografisches Vorurteil beseitigt. Zum Geografischen ist aber hinzuzufügen, dass in vielen Schulen immer noch Falsches gelehrt wird, eben die Mär von den sieben ostfriesischen Inseln. **Wangerooge** fällt, siehe oben, flach, und damit sind es acht. Nicht sieben und auch nicht sechs: **Spiekeroog**, **Langeoog**, **Baltrum**, **Norderney**, **Juist**, **Borkum**, und dann gibt es noch **Mellum** vor dem Jadebusen und **Memmert** südlich der Westküste von Juist. Aber die letzten beiden Vogelschutzgebiete bieten nur gefiederten Touristen Unterkunft. Die Insulaner von **Wangerooge** sind es gewöhnt, immer eingemeindet zu werden, sie werden hier also auch berücksichtigt.

Oben: Spitzenklöpplerinnen findet man auch in Ostfriesland nicht überall, aber doch häufiger als in anderen deutschen Landen.

Mitte: Zu viel Wind? Zu viel Sonne? Zu viel Trubel? Wer sich in einen der gemütlich knarzenden Strandkörbe zurückziehen kann, lässt solche gewichtigen Probleme einfach »außen vor«.

Unten: Schafe halten das Gras auf natürliche Art kurz – deshalb findet man kaum einen Deich, wo sich nicht gerade eine Herde der wolligen Tiere tummelt.

Die Inseln sind für viele schon lange das schönste Stück Ostfrieslands und immer noch überraschend für Binnenländer: Da hat man die Koffer ausgepackt, sich ein bisschen dort umgesehen, wo

Der Gast kommt, das Meer geht

man die nächsten Wochen wohnen wird, und geht ans Meer, über das man gerade erst hergekommen ist – und das ist weg. Ist die Insel klein wie Baltrum, sieht man schnell auf der anderen Seite nach. Da ist das Meer, aber hinein darf man nicht. Von Ebbe und Flut hat zwar jeder gehört, aber dass das soo ist!

Einen halben Mond-Tag genau dauert eine **Tide**, also 12 Stunden und 25 Minuten. In dieser Zeit steigt und fällt das Wasser, erreicht vom tiefsten Stand (**Niedrigwasser**) über den höchsten Stand (**Hochwasser**) wieder den tiefsten Stand. Steigen und Fallen des Wassers werden von der Anziehungskraft des Mondes und der Sonne bestimmt. Nach Voll- und Neumond addieren sich die Einflüsse von Sonne und Mond; die Tide ist dann besonders hoch.

Wenn das Wasser sinkt, beginnt für Landratten die spannendste Zeit. Man kann zu Fuß über das Meer oder sogar vom Festland auf eine Insel gehen. Es knistert. Den verhaltenen Lärm verursachen Millionen von Schlickkrebsen auf Nahrungssuche. Überall bohren sich Sandkringel aus dem Watt – genau genommen sind es Kotkringel des Pierwurms, und an festen Prielkanten (**Priele** sind die Zu- und Ablaufrinnen der Gezeitenströme

Zu Fuß über's Wasser

im Watt) erstrecken sich Muschelbänke scheinbar bis zum Horizont. Strandschnecken und Seepocken warten auf die nächste Flut, dort, wo es geschützt ist, und am liebsten in großer Gesellschaft. Das **Wattenmeer**, Lebensraum für unzählige Fisch-, Vogel- und Kleintierarten und damit ein Ort, wie er sonst nirgendwo auf der Welt existiert, spielt eine bedeutende Rolle für die Artenerhaltung und auch für die Ernährung des Menschen. Wer weiß schon, dass gerade dies Tausendstel der Gesamtmeeresfläche fast fünf Prozent des Weltfischfangs ermöglicht?

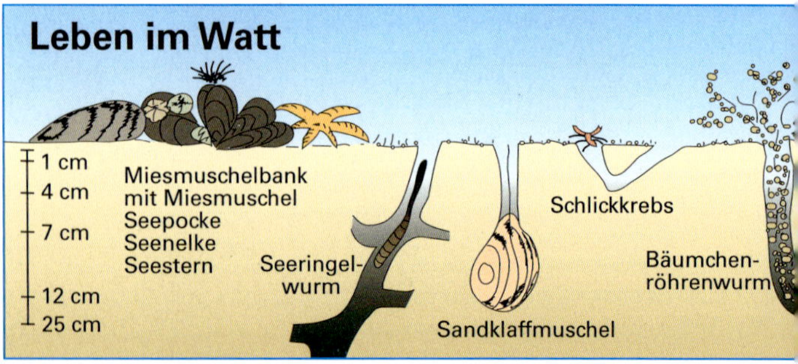

Watt ist ehemaliges Land, entstanden vor etwa 2000 Jahren, als sich das Erdklima nach der Eiszeit erwärmte, Gletscher abzuschmelzen begannen und mit riesigen Wassermassen einen weltweiten Anstieg des Meeresspiegels verursachten. Marschen und Wälder ertranken und mit ihnen die Tiere, wie versteinerte Geweihe, die auf dem Meeresboden gefunden wurden, beweisen. Der Anstieg des Meeresbodens hinterließ eine neue Küstenlinie und dort, wo das Land höher lag, Inseln. Und diese Inseln »wandern«: Was das Meer wegen der vorherrschend westlichen Winde und der Strömungen im Westen wegspült, lagert sich in den strömungsruhigen Gebieten im Osten wieder ab. Bei Ebbe wird die Umgebung der Inseln wieder zu Land, der Meeresboden, der trockenfällt, lässt für einge Zeit Sand und **Schlick** zurück. Schlick ist nur ein kleiner, aber wichtiger Teil im küstennahen Wattbereich.

Auch Inseln wandern

Plankton, klein gemahlene Pflanzen- und Tierreste, die mit den Flüssen ins Meer getragen werden, bilden das Sedimentgemisch. Bakterien bauen die organischen Anteile ab, und das erzeugt den hauptsächlich im Sommer wahrnehmbaren schwefeligen Geruch. **Schlickwatt** ist das reinste Schlaraffenland für Millionen von Vögeln, die dort jeden Tagen 380 000 Kilogramm Nahrung suchen und finden. Der Tisch ist nicht besonders abwechslungsreich, aber unglaublich reich gedeckt, denn die Zahl der Wattbewohner ist riesig. Die meisten von ihnen werden Wattwanderer nicht sehen, aber Schlickkrebse – 44 000 pro Quadratmeter –, Herzmuscheln, Wellhornschnecken, Strandschnecken, Räumchenröhren-, Wattringel- und Borstenwurm und wie sie alle heißen gräbt vielleicht der Wattführer für Sie aus.

Station auf der Winterreise

Meer-, Sichel- und Zwergstrandläufer, Alpenstrandläufer, Pfuhlschnepfen, Grünschenke, Brachvogel, Brand- und Küstenseeschwalbe leben von dem, was sich im Watt bewegt und sich seinerseits von Kieselalgen ernährt. Vögel, die aus dem

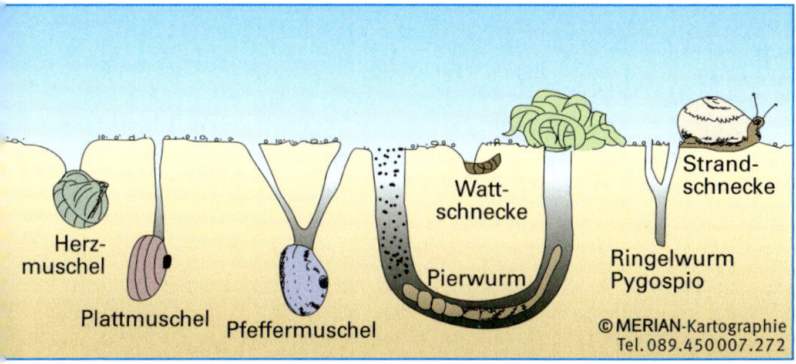

Winterquartier nach Norden fliegen, machen hier Station.

Nur wenige **Pflanzen** haben sich auf das karge Leben im und am Wattenmeer eingerichtet, und nicht einmal alle von ihnen vertragen eine regelmäßige Salzwasserüberflutung. Strandflieder, Salzaster und Grasnelke, Seegras, Blasentang und Sägetang wachsen am Flutsaum, dort, wo die Flut ihren höchsten Punkt erreicht und ablagert, was sie mitbringt.

Als hartnäckige Pionierpflanze festigt der Queller, einem Wasserkaktus ähnlich, den Boden und verhindert so Abtragung. Strandmilchkraut kriecht mit rotweißen Blüten über den Boden und scheidet das Salz, das es über die Wurzeln aufnimmt, über die Blätter wieder aus. Auf Sandbänken und am Strand wachsen Strandweizen und Binsenquecken, die verhindern, dass aus Dünen Wanderdünen werden. Strandroggen und Strandhafer erfüllen mit metertiefen Wurzeln denselben Zweck. Alle Blumen – und die wenigen Bäume auf den Inseln – hält der meist beständig wehende Wind klein.

Nationalpark Wattenmeer

Das Wattenmeer ist Nationalpark, das heißt geschützt. Naturschützer, Küsten- und Inselbewohner und Touristikmanager haben diese Entscheidung der niedersächsischen Regierung 1986 gemischt aufgenommen – aus unterschiedlichen Gründen; den einen war es zu viel, den anderen zu wenig Schutz. Ökologen und Tierschützern ist die Nationalparkregelung immer noch zu lau, die anderen haben verstanden, die vermeintliche Bedrohung ihres Lebensraumes zum zugkräftigsten Werbeargument für Feriengäste zu machen.

Eine Halbinsel in Niedersachsen

Auch das **ostfriesische Binnenland** ist beim zweiten Hinsehen eine Insel, genau genommen eine Halbinsel: Hochmoore schlossen das Gebiet zwischen Dollart und Jadebusen jedoch über Jahrhunderte vom Süden ab, es entwickelte sich eigenständig, und die Dominanz von Schifffahrt, Fischerei und Tourismus hat sich bis in die Gegenwart erhalten. Auf den Marschen im Schutz der Deiche wachsen Raps, Weizen und Gemüse, und dort weiden auch die Rinderherden. Die alten Sielorte, heute Touristenattraktionen, waren Handels- und Fischereihäfen. Erst mit dem »Goldenen Ring« der Deiche, die im 13. Jahrhundert entstanden, war die Halbinsel weitgehend geschützt. Bis dahin konnte man nur auf **Warften**, auf aufgeschütteten Hügeln, siedeln, wie auf den immer wieder überfluteten Halligen, jetzt auch auf ebener Erde.

Immer wieder wurde Land dem Meer abgerungen. Das macht man heute noch mit Buhnen, ins Meer hineingebauten Steindämmen, an denen das Wasser Schlick absetzt. Neu gewonnenes Land, das noch nicht eingedeicht ist, nennt man **Heller**. Es mildert nicht nur die Wucht der Wellen, sondern ist, im Winter oft überflutet, im Sommer neues Landwirtschaftsgebiet. Wenn das Land durch Schlickablagerungen genü-

Ständiger Kampf um Land

gend Höhe erreicht hat, werden zunächst niedrige Sommerdeiche gebaut. Diese eingedeichten **Sommerpolder** eignen sich noch nicht zur Besiedlung. Erst wenn Deiche mit 8 bis 10 Metern Höhe Landesschutz gewähren, kann das Land hinterm Deich, das übrigens in Oldenburg **Groden** und in Nordfriesland **Koog** heißt, besiedelt werden.

Den Marschen im Schutz der Deiche folgt die Geestlandschaft mit Wiesen und Wäldern, Kartoffel- und Roggenäckern, kleinen Städten und uralten Dörfern. Hohe Grundwasserstände zwischen Geest- und Marschgebieten führten zur Moorbildung, und an den tiefsten Stellen sammelte sich das Wasser in Seen, die Ostfriesen Meere nennen. Die riesigen Moorflächen, längst abgetorft, haben an den kilometerlangen Kanälen die **Fehndörfer** hinterlassen, die für stressgeplagte Städter zum Inbegriff für ruhige Ferien auf dem Land geworden sind.

Die Themen der Ostfriesenwitze haben sich, fast in aller Stille, zu Urlaubsträumen gewandelt. Die mit freundlicher Gehässigkeit bedachten Eigenheiten Ostfrieslands und der Ostfriesen sind, anscheinend über Nacht, Ziele neuer Sehnsüchte geworden: die Stille eines Landstrichs mit wenig Industrie, die Weite und Übersichtlichkeit des Landes, die spürbare Gegenwart von Wetter, die Dominanz der Natur, fast nur von kleinen Ortschaften und alten Höfen unterbrochen, zu denen **Windlooper**, wie die geduckten Bäume hier heißen, an schmalen Straßen führen.

Die Fülle ostfriesischer Kultur haben allerdings erst wieder Städter ins Gespräch gebracht, deren bekanntester Henri Nannen geworden ist, der mit der Kunsthalle in **Emden** eins der unbestritten schönsten Museen in Norddeutschland geschaffen hat. Aber wo gibt es so viele, sogar bespielbare, historische Orgeln? Die älteste Europas steht in **Rysum**, und Kenner auf der ganzen Welt schätzen die Orgelakademie von **Bunderhee**. Nicht nur im »Ostfriesischen Orgelsommer«, sondern auch sonntags erklingen in vielen der großen roten Backsteinkirchen wunderschöne Konzerte.

! MERIAN-Lesetipp

In monströsen Strandkörben sitzen »hochgeschlossene Damen«, ein Berliner Geschäft wirbt für seine Loden-Pelerinen, Sandburgen sind mit kunstvollen Muschelbildern geschmückt: **Saison am Strand – Badeleben an Nord- und Ostsee, 200 Jahre** heißt ein ebenso amüsantes wie aufschlussreiches Buch aus Koehlers Verlagsgesellschaft mbH, Herford, das zu einer gleichnamigen Ausstellung in Hamburg und Berlin entstand.

Hinfahren, gucken, bleiben –

das geht auch in Ostfriesland, vor allem auf den Inseln, nur noch außerhalb von Ferienzeiten und Feiertagen oder im Binnenland.

Rundum verwöhnen lassen kann man sich im Hotel Achterdiek auf der Insel Juist (→ S. 58).

Hotels und andere Unterkünfte

Außer Kurz- und Wochenend-Urlaubern suchen die meisten Feriengäste in Ostfriesland die »anderen Unterkünfte«, und die sind zahlreich, sowohl auf den Inseln als auch an der Küste und im Land. Natürlich gibt es auch auf jeder Insel Hotels; außerhalb der Saison bieten sie manchmal sogar die einzige Übernachtungsmöglichkeit. **Ferienhäuser und -wohnungen** sind nicht immer bedeutend billiger, lassen aber mehr Freiheit im Tagesablauf, und wer Ferien mit Kindern macht, weiß diese Freiheit schnell zu schätzen.

Immer mehr Einrichtungen sind behindertengerecht und weisen auch darauf hin. Der steigenden Nachfrage nach Einzelzimmern ist ein akzeptables Angebot gefolgt.

Am günstigsten sind überall Privatzimmer, sie werden pro Tag und Person von 12 € angeboten, gefolgt von Pensionen ab etwa 25 €, Gasthöfen (ab 35 €), Ferienwohnungen (ab 35 €) und Ferienhäusern (ab 65 €).

Wer in der **Vorsaison** (nach Ostern) oder **Nachsaison** (bis zu den Herbstferien oder im Winter) kommt, kann versuchen, sich Preisnachlässe zu erhandeln.

Wer auf den Inseln Urlaub macht, muss mit höheren Preisen rechnen als der Binnenlandurlauber. Ebenso wer nur ein Wochenende bleibt, falls er überhaupt ein Zimmer für nur eine Übernachtung findet. So bezahlt man für eine Nacht in einem Hotelbett auf Juist 30–200 €, auf Spiekeroog 35–60 €, im Binnenland 20–80 € und in Ausnahmefällen bis 100 € pro Person.

Sehr unterschiedlich in Ausstattung und Preis sind auch die **Ferienwohnungen**. Für zwei bis vier Personen kann, wer rechtzeitig sucht, 40 € pro Tag bezahlen, aber auch 100 und sogar 150 €.

Viele Fremdenverkehrsvereine haben Bauernhöfe in ihrem Angebot. Ein Verzeichnis gibt es bei den Tourist-Informationen. Es gibt aber auch noch überregionale Anbieter:

Zentrale für Landurlaub
Heerstr. 73, 53111 Bonn;
www.bauernhofurlaub.de

Ostfriesland verfügt zwar über viele Campingplätze, dennoch ist Reservierung angeraten, besonders auf den Inseln. Sonst muss der Urlauber damit rechnen, erst an der Fähre zu erfahren, dass »drüben« kein Platz mehr für ihn ist.

Die Plätze auf dem Festland sind häufig in Ortsnähe angelegt. Manche, zum Beispiel der Campingplatz Jümmesee bei Detern, liegen inmitten von Ferienlandschaften, die vom Badestrand über den Spielplatz bis zum Lese-, Fernseh- und Aufenthaltsraum auf jedes denkbare Ferienwetter eingestellt sind. Der Campingplatz Timmeler Meer, einer der modernsten, wird von vielen Gästen auch als einer der besonders schönen gelobt. Auch Wintercamper finden in Ostfriesland noch eine große Auswahl an Standorten.

Mit den Nachfragen nach Übernachtung im Heu steigt auch das Angebot. Schlafsäcke sind 4
meist mitzubringen. Für empfindliche Eltern gibt es manchmal auch normale Gästezimmer. Zusätzlich locken Lagerfeuer, Grillmöglichkeiten, hier Frühstück, da Kanuverleih. Das Verzeichnis »Erlebnis und Erholung auf dem Bauernhof – Ostfriesland« gibt es bei den Fremdenverkehrseinrichtungen.

Hotels sind bei den einzelnen Orten im Kapitel »Sehenswerte Orte« beschrieben.

Alle in diesem Buch empfohlenen Unterkünfte auf einen Blick

Komforthotels für höhere Ansprüche

Borkum: Nordsee-Hotel .... S. 52
Juist: Hotel Achterdiek M M ..... S. 58
Juist: Hotel Friesenhof M M ..... S. 58

Hotels mit Flair/besondere Lage

Emden:
Alt-Emder Bürgerhaus M M ... S. 33
Haage: Gästehaus
Burg Berum M M .... S. 45
Norderney: Haus Margarete am Meer
M .... S. 66

Stadthotels

Aurich: Brems Garten M .... S. 29
Aurich: Stadt Aurich .... S. 29
Emden: Am Boltentor .... S. 33
Emden: Parkhotel Upstalsboom
Emden .... S. 35
Leer: Hotel-Café Am Markt .... S. 23
Leer: Ostfriesenhof .... S. 23
Norden: Hotel Reichshof .... S. 41
Norden:
Silencehotel Regina Maris ...... S. 41
Wilhelmshaven: Nordseehotel ... S. 46
Wilhelmshaven: Seerose .... S. 46

Strand- und Ferienhotels

Aurich, OT Ogenbargen:
Alte Post .... S. 29
Baltrum:
Hotel Dünenschlößchen .... S. 50
Borkum: Haus Borkum .... S. 52
Borkum: Nordsee-Hotel .... S. 52
Borkum: Ostfriesenhof .... S. 52
Borkum:
Seehotel Upstalsboom .... S. 52
Haage:
Gästehaus Burg Berum M M .. S. 45
Juist: Hotel Friesenhof .... S. 58
Langeoog:
Apartmenthotel Aquantis .... S. 63
Langeoog: Hotel Flörke .... S. 63
Nettelburg: Hotel Lange .... S. 23
Norddeich: Fährhaus .... S. 41
Norderney: Haus Margarete
am Meer M .... S. 66
Norderney:
Hotel-Pension Hartwig .... S. 66
Norderney:
Inselhotel Vier Jahreszeiten ..... S. 66
Spiekeroog: Haus Seelust .... S. 71
Spiekeroog: Hotel Inselfriede .... S. 71
Wangerooge: Hotel Hanken .... S. 75
Wangerooge:
Strandhotel Upstalsboom .... S. 75

Einfache Pensionen und Unterkünfte

Emden: Nichtraucherpension .... S. 35
Emden-Larrelt:
Larrelter Mühle M .... S. 33
Greetsiel: Hof Akkens .... S. 36
Spiekeroog: Haus Orion .... S. 71

Preisklassen

Die Preise beziehen sich auf ein Doppelzimmer mit Frühstück.
★★★★ ab 150 €
★★★ bis 150 €
★★ bis 90 €
★ bis 50 €

Deftig, kräftig und nahrhaft

ist die ostfriesische Küche – denn genauso musste sie früher sein, um die Menschen für die Arbeit bei Wind und Wetter zu stärken.

Beliebtestes Getränk in Ostfriesland ist Tee, dessen Zubereitung regelrecht zelebriert wird.

Speisekarten und Kochbücher pflegen mit der Suppe zu beginnen, fangen wir also mit der **Bohntjesopp** an. Allerdings wird diese Suppe an- und nicht aufgesetzt: Rosinen werden in Branntwein eingelegt, nach drei Tagen wird gelöster Kandis darunter gerührt, und schon kann man die Bohntjesopp aus dem **Branntwienskoppke** – einer henkellosen Teetasse – löffeln oder schlürfen, denn es handelt sich, wie Sie vielleicht schon gemerkt haben, weniger um eine Suppe als um ein Art Nationalgetränk, das zu allen ostfriesischen Feierlichkeiten, unumgänglich aber zu Hochzeiten und Kindstaufen, gehört.

Eintopfgerichte aus der guten alten Zeit

Die ostfriesische Küche entdeckt ihre Tradition wieder, nicht unbedingt im Restaurant an der Ecke, aber sowohl im Supermarktregal als auch im renommierten Restaurant werden Spezialitäten von früher wieder angeboten. Früher, das ist die Zeit, als es in der ländlichen Küche nur eine Feuerstelle gab und Eintopf am einfachsten zuzubereiten war. Zum Beispiel **Karmelkbree**, der Buttermilchbrei, oder **Görtmelkbree**, der Grützmilchbrei (Gört sind Graupen). Die Graupen werden eingeweicht, gewaschen und dann mit Wasser etwa eine Stunde weich gekocht. Dann gibt man Milch und etwas Salz dazu und lässt den Brei noch etwa eine Stunde lang sämig kochen. Gewürzt wird mit Sirup oder Zucker. Beide Speisen werden gern als Vorspeise zu **Tuffels, Flesk und Stipp** (Kartoffeln, Fleisch und Soße) gereicht.

Riesbree (Milchreis mit Rosinen), **Rebbedi** (Mehldick), Milchsuppe und Roggenmehlflupp kommt sicher einmal auf den Tisch, wenn Sie bei Ostfriesen zu Gast sind. Rebbedi hat den Vorteil, dass man es in wenigen Minuten zubereiten kann, und vermutlich wird es wohl auch darum »Laiwievenkost« (Faule-Frauen-Kost) genannt.

Ein ziemlich deftiges, original ostfriesisches Gericht, das man auch in vielen Gastwirtschaften findet, ist der **Sniertjebraa**, früher Höhepunkt jedes Schlachtfestes, für Freunde und Gäste zubereitet. Er besteht aus Nacken- und Schulterbraten vom Schwein, in Schweinefett oder Butter angebraten und mit ganzen Zwiebeln geschmort. Die Soße wird mit Mehl und Sahne gebunden.

Wild, Geflügel und Fleisch

In der Nähe der Deiche und in der Geest (und in renommierten Gasthäusern auch auf mancher Insel) werden auch Deichlammrücken, Lammkeule und Hammelbraten angeboten. Wer Ostfriesland für ein Fischland hält, wird angesichts zahlreicher Wild- und Geflügelgerichte eines Besseren belehrt.

Im Rheiderland und in und um Leer herum findet sich wieder **Pökelfleisch** auf den Speisekarten. In vielen Familien ist es beliebtes Weihnachtsessen – überhaupt dann, wenn viel Besuch kommt.

Mancher wird, eher an der Küste, **Labskaus** probieren. Welche Landratte, so sie keine ostfriesische ist, weiß schon, dass das Lieblingsgericht der Fischer auch ein Pökelfleischessen ist? Mit rohen Zwiebeln wird das Fleisch, das man anderthalb Stunden hat ziehen lassen, durch den Fleischwolf gedreht und dann mit gestampften Kartoffeln und Brühe sämig eingekocht und mit Salz und Pfeffer abgeschmeckt. Salzheringe und rote Bete können, müssen aber nicht in die Masse gegeben werden. Aber dazu isst man sie dann auf jeden Fall.

rische Fische überall

Und damit sind wir beim Fisch angelangt. Frische Seefische gelangten früher nur an der Küste regelmäßig auf den Tisch, und geräucherte kamen spät in Mode. Somit waren für die Küche nur eingesalzene Fische von Bedeutung. Aus Emden stammt heute noch ein großer Teil der **Matjesheringe**. Matjesheringe in Sahnesoße mit Pellkartoffeln und grünen Bohnen gelten hier als Delikatesse. Und wenn jemand statt saurer Sahne Joghurt nimmt – nun ja, dann muss der das wohl.

Makrelen und **grüne Heringe** werden gebraten und mit Zwiebelstipp angeboten, **Hecht** gedünstet und gebraten, **Aal** gebraten, blau (mit Essig) oder grün gekocht. **Scholle** wird nicht nur gebraten wie überall, sondern besonders in den Sielorten an der Küste auch »im eigenen Saft« und mit Senfsoße serviert. Vielleicht finden Sie hier auch eine Gelegenheit, **Klippfisch** zu probieren, aber die dürfte selten sein. Der **Pfannfisch**, den Sie im Restaurant bekommen, ähnelt dem bekannten ostfriesischen **Panne Fis**, bei dem Resteverwertung als Fischomelett auf den Tisch kommt, nur dem Namen nach.

Miesmuscheln, die in Mengen in der Nordsee gedeihen, werden in erster Linie exportiert, nach Belgien, Frankreich und auch ins Rheinland. Den Ostfriesen wird nachgesagt, dass sie sie so wenig schätzen wie Pilzgerichte. An der Küste jedoch und in den Sielorten, gelegentlich auch in einem Inselrestaurant, werden Sie köstliche Muschelragouts finden und gelegentlich auch einen Muschelsalat. Für saure Muscheln werden die Gewürze mit Essig verrührt, dazu schmecken Bratkartoffeln hervorragend.

In den Küstenorten werden Sie kaum darauf verzichten können, frische **Krabben** zu essen. Schnell wird Ihnen auffallen, dass die Tagespreise für Krabben vom jeweiligen Fang abhängig sind.

Tee zu jeder Tageszeit

Vor lauter Essen sollte man die Getränke nicht vergessen, und das Hauptgetränk ist keineswegs das ostfriesische Bier, sondern natürlich der Tee, den man immer trinken kann: zum Frühstück, den **Elfürtje** (Elf-Uhr-Tee), nach dem Essen, am späten Nachmittag und eventuell am Abend.

Die Zubereitung ist unumstritten. Die Ostfriesenmischung (meist Assam-Tee, dem Ceylon- und Sumatra-Tees beigemischt sind) kommt in die vorgewärmte Kanne – für jede Tasse und für die Kanne jeweils ein Löffel voll –, das sprudelnd heiße Wasser wird darüber gegossen, so dass die Blätter bedeckt sind, und erst, wenn der Tee drei bis fünf Minuten gezogen hat, wird so viel Wasser wie notwendig nachgegossen. In die Tasse mit der Ostfriesenrose kommt ein **Kluntje** (Kandis), der leise zerspringt, wenn der Tee darüber gegossen wird, und obendrauf ein **Wulkje**, das Wölkchen Rahm, das nicht umgerührt wird! Wozu es dann den Teelöffel gibt? Den stellt man nach drei Tassen in die Tasse zum Zeichen dafür, dass es reicht.

Restaurants sind bei den einzelnen Orten im Kapitel »Sehenswerte Orte« beschrieben.

Preisklassen

Die Preise beziehen sich auf ein Hauptgericht.

★★★★ ab 20 €
★★★ bis 20 €
★★ bis 13 €
★ bis 10 €

Jede Insel ist anders als ihre Nachbarinnen, und selbst das flache Binnenland wechselt seinen Charakter von West nach Ost und von Nord nach Süd.

Langeoog zählt viele Stammgäste, darunter häufig Familien, da man sich auf dieser Ostfriesischen Insel besonders um die Kinder kümmert *(→ S. 62).*

Mittendrin Leer und drumherum – im Uhrzeigersinn – Rheiderland im Westen, Overledingerland, Uplengen und Moormerland: Das ist der ostfriesische Süden.

Die meisten Besucher kommen von Süden her nach Ostfriesland, fahren durch – und haben schon einen der schönsten Landesteile verpasst, eben das südliche Ostfriesland. Es soll nicht komplizierter werden, als es ohnehin schon ist, aber das Gebiet um die wunderschöne Stadt Leer herum lässt sich noch durch einen weiteren Begriff definieren, und das ist ein Rundkurs namens 1 **Deutsche Fehnroute**. 163 km lassen sich an Hand von Hinweisschildern verfolgen, auf denen das Symbol einer Klappbrücke immer wieder nach rechts und links vom geraden Wege wegführt.

Wer von Osten, zum Beispiel über Oldenburg, auf der Autobahn nach Ostfriesland kommt und diese an der Abfahrt Apen/Remels verlässt (oder aus dem Ruhrgebiet und in Richtung Oldenburg weiterfährt), ist schon mittendrin.

Und dann beginnen die unterschiedlichen Landschaftsformen von Geest, Marsch und Meer. Die **Geest**, meist wenig fruchtbarer, sandiger Boden, in der Eiszeit in Schichten aus Sand, Lehm, Ton und Kies in den eisfreien Perioden abgelagert, ist an den Wallhecken, Eichen, Birken und Buchen auszumachen. In der holzarmen Gegend dienten sie als Windschutz und lebende Viehzäune.

Auf der **Marsch**, Ablagerungen aus Flüssen und Meer, das typische weite grüne Land, liegen Weiden und Getreide- und Gemüsefelder. Wegen ihres fruchtbaren Bodens wird die Marsch meist durch Dämme und Deiche geschützt. Vor dem Eindeichen konnte man nur auf Erhöhungen wohnen.

Der Name **Fehn**, auf den man hier immer wieder trifft, ist aus dem Holländischen übernommen und bedeutet Moor. Orte mit »fehn« im Namen deuten auf eine Kultivierungsmethode hin, mit der die Moore seit dem 17. Jh. urbar gemacht wurden. Zunächst wurden schiffbare Kanäle angelegt, dadurch konnten die angrenzenden Moorflächen teilentwässert werden. Die Siedler hatten den tiefer gelegenen Schwarztorf gestochen (ausgegraben), getrocknet, abtransportiert und als Brennmaterial verkauft. Auf dem Rückweg brachten sie Schlick aus den Flussläufen mit, der dem höher gelegenen Weißtorf beigemischt wurde, so dass eine landwirtschaftliche Nutzung des Bodens möglich wurde. An den Kanälen entstanden typische Fehnsiedlungshäuser. Und noch heute sind hier Orte zu finden, die sich hunderte von Metern an den Kanälen hinziehen und hinterm Haus schon zu Ende sind.

Von den Haupt- oder Fehnkanälen zweigen Seitenkanäle ab, die **Wieken**, Inwieken oder Hinterwieken genannt werden. Dass in vielen Gemeinden noch manches Ursprüngliche erhalten geblieben ist, erkennen Besucher an Klappbrücken und Windmühlen, den funktionsfähigen Schleusen und den romanischen und gotischen Backsteinkirchen. Mehrere Museen veranschaulichen die Moorkultivierung, die vor über 200 Jahren begann.

Pioniere waren die Bewohner des Fischer- und Bauerndorfes anno 793: Sie bauten die erste Kirche Ostfrieslands. Heute ist Leer eine stattliche Stadt, von Hafen und Industrie geprägt.

Leer

■ DE 10, S. 117

34 000 Einwohner
Stadtplan → S. 25

Die alte Seehafen- und Handelsstadt, »Tor Ostfrieslands« genannt, die so offensichtlich in der Mitte liegt, dass es schon eines zweiten Blickes bedarf, um diese Irritation zu beseitigen: Die Stadt liegt zweifellos am Schnittpunkt der Ost-West- und der Nord-Süd-Verbindungen von Straßen, Wasserwegen und Eisenbahnen. Hier mündet die Leda in die Ems und schafft somit die Verbindung zum Meer, und damit darf die hübsche Stadt mit mehr als tausendjähriger Vergangenheit also doch als »Tor« gesehen werden.

Wie nah das Meer ist, wird Besuchern erst beim großen Tourenskipper-Treffen der Freizeitkapitäne klar. Nicht nur, weil dann die Shantychöre aus Bingum und von der Marinekameradschaft Aurich singen. Aber wer dann den Knirpsen hinterherguckt, die an der Uferpromenade kräftig in die Pedale ihrer Tretboote steigen, sieht hinter der ersten Brücke schon richtig große Pötte. Und landeinwärts, in Papenburg, gibt es schließlich sogar eine Werft. Aber nicht nur Hafen und schöne Altstadt locken Besucher an.

Da ist durchaus anderes Merkwürdiges zu besichtigen, zum Beispiel der 9 m hohe **Plytenberg** (Durchmesser ca. 64 m). Dort, wo der Mönch Liudger einst die erste Holzkirche auf einem Hügel nahe der Krypta des reformierten und katholischen Friedhofs errichtete, wird das ehemalige Grabmal eines Wikingerfürsten vermutet.

Vergangenheit und Gegenwart liegen nahe beieinander im radlerfreundlichen Leer: Wer über den Ledadeich bis zur Seeschleuse wandert, kann ein Bauwerk besonderer Art bestaunen: das Leda-Sperrwerk. Fünf mächtige Stahltore können den Fluss völlig gegen die Flut abschotten. Ein Entlastungspolder verhindert, dass die Leda über die Ufer tritt.

Hotels/andere Unterkünfte

Hotel-Café Am Markt ■ b 2/c 2
Ein modernes, behindertengerechtes Haus in der Fußgängerzone.
Mühlenstr. 36; Tel. 04 91/6 10 07, Fax 6 11 61; 16 Zimmer ★★

Hotel Lange südöstlich ■ c 3/c 4
Ruhig gelegenes Haus 4 km südöstlich vom Zentrum Leers mit gutem Restaurant, kleinem Schwimmbad und Blick auf Wasser und Ledasperrwerk.
Zum Schöpfwerk 3; Nettelburg; Tel. 04 91/1 20 11, Fax 1 20 16; 51 Zimmer ★★★

Ostfriesenhof ■ a 4
Ob Suite, behindertengerecht oder Komfortzimmer, hier ist alles zu haben. Aus dem Frühstücksraum blickt man auf Leda und Ems. Außerdem gibt es Schwimmbad, Sauna und Fitnessraum.
Groninger Str. 109; Tel. 04 91/6 09 10, Fax 6 09 11 99; 60 Zimmer ★★★

Spaziergang

Für die bekanntesten Sehenswürdigkeiten reicht ein kurzer Gang durch die Altstadt. Das bekannteste Bauwerk ist zweifellos das 1894 im deutsch-niederländischen Renaissancestil gebaute **Rathaus**. Nur wenige Schritte südlich, am Ufer, liegt die **Waage**, 1714 von der reformierten Gemeinde Leer im niederländisch beeinflussten norddeutschen Barock erbaut. Bis 1946 wurde hier gewogen, darauf weisen noch die bekrönten Waagschalen über den korbbogigen Eingängen zum Wiegeraum hin. Feinschmecker schätzen heute anderes: Hinter den historischen Mauern verbirgt sich eins der besten ostfriesischen Restaurants (→ S. 25).

Das **Haus Samson** nördlich des Rathauses, bereits 1643 erbaut, befindet sich seit mehreren Generationen im Besitz der Familie Wolff und vermittelt einen Einblick in die Wohnkultur des 18. und 19. Jh. Das **Amtsgericht**, nur wenig weiter nördlich in der Wörde, wurde als Herrensitz der Familie von Rheden gebaut und weist die gleichen Gestaltungsmerkmale wie die Waage auf. Das zur Seite liegende **Schatthus**, ehemaliges Wohngebäude des Amtmanns, stammt im Kern aus dem Jahr 1711.

Um die anderen Sehenswürdigkeiten, die Burgen Leers, zu sehen, bedarf es wenig längerer Spaziergänge.

Der Besuch des **Leda-Sperrwerkes** erfordert einen 4 km langen Spaziergang nach Süden.

Sehenswertes

Evenburg westlich ■ c 1/c 2
Die Wasserburg wurde im 19. Jh. neugotisch umgebaut. Zusammen mit dem Park, der barocken Vorburg von 1765 und der langen Evenburgallee, die vom Bahnhof der Stadt zu ihr hinausführt, ist ein beliebtes Ziel für Spaziergänger. Diese Burg wurde 1650 als Wohnschloss konzipiert und hatte nie Verteidigungscharakter.
Am Schloßpark; Besichtigung Mo–Fr während der Bürozeiten

Haneburg ■ a 2/a 3
Heute ist hier die Volkshochschule untergebracht. In ihrer jetzigen Form stammt die Burg aus dem 17. Jh., obwohl ihr Ursprung viel weiter zurückgeht. Sie gehört zu den wenigen erhaltenen ostfriesischen Renaissance-Burgen und war ursprünglich Herrensitz.
Haneburgallee; Besichtigung nach Vereinbarung mit dem Landkreis Leer; Tel. 04 91/8 32 64

Haus Samson ■ b 2/b 3
Ein schlanker Giebel, auf dem weiße Steinblüten ranken, eine kunstvolle Tür und dahinter altes, sehenswertes Hausgerät.
Rathausstr. 18; während der Geschäftszeiten zu besichtigen

Rathaus ■ b 3
Aus einem quadratischen Unterbau erhebt sich ein achteckiger Turm. So ist auch die Lutherkirche gebaut.
Rathausstr. 1; Tel. 04 91/9 78 20; während der Dienstzeiten Führungen nach telefonischer Vereinbarung

Museen

Heimatmuseum ■ b 3
Seit 1936 beherbergt das 1791 errichtete Gebäude das Heimatmuseum mit den Schwerpunkten ostfriesische Wohnkultur, die Schifffahrtsabteilung mit Ernst-Petrich-Zimmer und die naturkundliche Abteilung mit der Vogelwelt der Kreis- und Küstengebiete.
Neue Str. 14; Di–Fr 10–12 und 15–17 Uhr, So 11–12.30 Uhr

Essen und Trinken

Ratskeller b 3

Historisches Ambiente und eine gute Küche, wenn es um Ostfriesisches geht. Vor allem Fischgerichte.
Rathausstr. 1; Tel. 04 91/31 17 ★★★

Zur Waage MM b 3

Ostfriesische Spezialitäten der besten Art und außerdem, was die Saison bietet: Krabben, Matjes, Scholle und Seezunge. Gute Atmosphäre in historischem Gebäude am Hafen.
Neue Str. 1; Tel. 04 91/6 22 44; Di geschl.
★★★

Service

Auskunft b 2

Stadt Leer

Verkehrsbüro, Rathausstr. 1; 26789 Leer; Tel. 04 91/9 78 25 00, Fax 9 78 25 11; www.leer.de

Bootssport

Auf Ems und Leda möglich. Die Ems-Marina in Bingum bietet außerdem einen Boot-Service. Anlegemöglich-

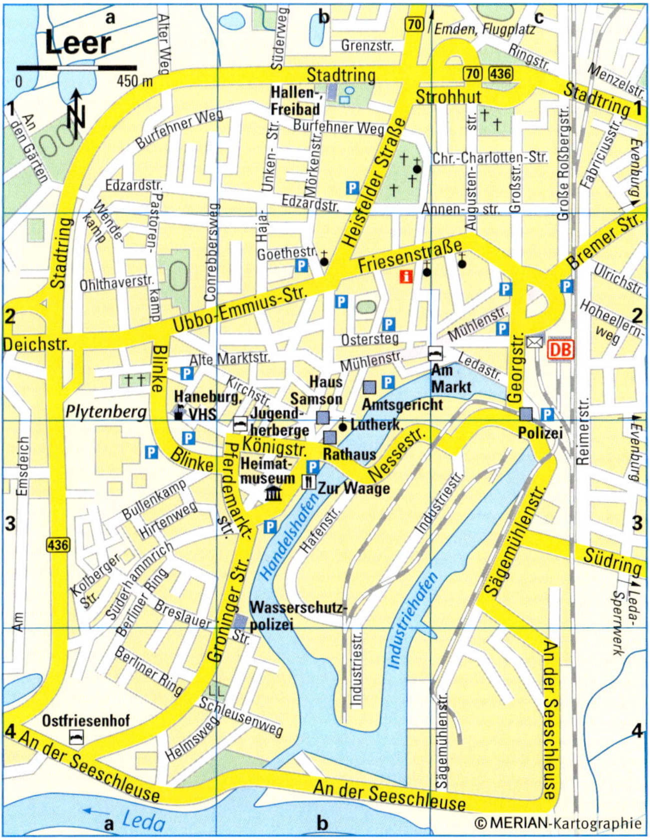

keiten im Hafen. Eine Wasserkarte ist im Reise- und Verkehrsbüro erhältlich.
Am Denkmal; Tel. 04 91/6 10 71

Camping
Ems-Marina-Bingum; Tel. 04 91/44 21

Jugendherberge ■ b 2/b 3
Süderkreuzstr. 7; Tel. 04 91/21 26

Schiffsausflugsfahrten ■ b 3
Fahrten mit der MS Hafenmusik und der MS Germania auf Ems, Leda und Jümme ab Rathaus/Waage.
Buchung und Auskunft; Tel. 04 91/7 12 85 und 58 54

Ziele in der Umgebung

Bagband ■ F 9, S. 117

Einen Besuch lohnt hier die Windmühle von 1812. Sie gilt als eine der schönsten im ostfriesischen Raum. Nach Zerstörungen durch Orkanböen 1973 baute Heinrich Mönck sie wieder auf. Zu sehen gibt es Gegenstände des Müllerei- und Mühlenbauwesens.
April–Sept. So und Feiertage 10–12 und 14–18 Uhr; Gruppen auch auf Anfrage; Tel. 0 49 43/20 11 14

Papenburg ■ D 12, S. 117

31 000 Einwohner

Papenburg, südlich von Leer, ist die älteste und längste **Fehnkolonie** (Moorbesiedlung) Deutschlands.

1 Trotz umfangreicher Neugestaltung der Stadtmitte mit einer verkehrsberuhigten Zone, ist der ursprüngliche Charakter der Fehnkolonie mit langen Straßenzügen an Kanälen erhalten geblieben. In den Kanälen liegen Museumsschiffe, und in Papenburg/Obenende werden Torfschiffe vom bronzenen Trailer gelenkt. Am Bahnhof vorbei geht es zur Seeschleuse. Von dort kann man auf die Meyer-Werft mit dem größten überdachten Trockendock der Welt blicken. Werftbesichtigungen tgl. 14.30 Uhr ab Rathaus (Kiosk), Anmeldung Tel. 0 49 61/83 96 91.

Papenburg ist das kulturelle und wirtschaftliche Zentrum des nördlichen Emslandes und beliebte Einkaufsstadt.

Sehenswertes

DIZ Emslandlager
Dokumentations- und Informationszentrum über 15 Emslandlager.
Wiek rechts 22; Tel. 0 49 61/91 63 06; Di–Fr und So 10–17 Uhr

Museen

Von-Velen-Anlage
Sehenswertes Freilichtmuseum mit alten Fehnhäusern, Pütten, Stichkanal, Torfschiff mit Segel und einem mit Torf beladenen Prahm mit bronzenen Arbeitern.
Splittingkanal; April–Okt. tgl. 9–18 Uhr

! MERIAN-Tipp

Mit der Fähre über die Jümme Man ruft nur, und die Fähre kommt, wie immer seit 1562, an Stahlseilen über das Wasser gezogen. Pünte nennt man sie in Wiltshausen, wo man sich über die Jümme setzen lassen kann. Sogar zwei bis drei Autos haben Platz, wenn es sein muss, und Fahrräder sowieso. Von Filsum muss man die Jümme entlang oder von Loga, dem Ortsteil von Leer, dorthin, wo Leda und Jümme zusammenfließen. Mai–Sept. Mi–Fr 10–18, Sa und So 10–19 Uhr ■ E 10-11, S. 117

Essen und Trinken

Restaurant von Velen
Restaurant des Hotels Stadt Papenburg mit einem guten Namen über die Region hinaus. Der Küchenchef bereitet Edelfische meisterhaft zu.
Am Stadtpark 25; Tel. 0 49 61/63 45 ★★★

Stövchen
Freundliche Kaffee- und Teestube mit Gartenterrasse, gleich neben dem Freilichtmuseum gelegen.
Splitting links; Tel. 0 49 61/7 63 26; tgl. 10–20 Uhr, bei Bedarf länger

Service

Auskunft
Touristik-Information
Rathausstr. 2, 26871 Papenburg; Tel. 0 49 61/8 39 60, Fax 83 96 96

Westoverledingen

■ E 11-12, S. 117

18 000 Einwohner

Manche nennen diese Landschaft das Ostfriesland im Kleinen. Idyllische Flecken an sauberem Wasser, dunkles Moor und grüne Wiesen, so weit das Auge reicht. Und zwischen kleinen Deichdörfern und weiten Hammrichen liegt ein Freizeitpark, sogar mit einer Wasserrutsche.

Sehenswertes

Mühle Mitling-Mark
Die Galeriewindmühle aus dem 19. Jh. beherbergt im restaurierten Müllerhaus »Omas Küche«, eine Sammlung von mehr als 800 historischen Küchengegenständen. Im Backhaus kann man an Brotbackseminaren teilnehmen.
31. März–31. Okt. Mi, Fr, So 5–17 Uhr; 1. Nov.–30. März nach Vereinbarung, Gruppen nach Vereinbarung; Mühlenwart Siegfried Brink; Tel. 0 49 51/88 72

Service

Auskunft
Touristik-Information
Deichstr. 7a; 26810 Westoverledingen; Tel. 0 49 55/92 00 40, Fax 92 00 41

Wiesmoor

■ A 13, S. 118

12 000 Einwohner

Nicht nur ein Kanalnetz mit Klappbrücken und typischen Fehnhäusern ist hier zu bewundern; Wiesmoor mit Gewächshäusern und Wasserorgel nennt sich auch »Blumenbeet Niedersachsens«. Am ersten Wochenende im September wird das traditionelle Blütenfest gefeiert (→ S. 92). Aber auch sonst wird hier viel Unterhaltung geboten. Die »Moornixe« schippert Gäste über den Kanal, man kann baden, golfen oder reiten. Und wer das »Moorvogtdiplom« erwerben will, muß sich zunächst zeigen lassen, wie früher Torf gegraben wurde.

Service

Auskunft
Touristik GmbH
Hauptstr. 199a, 26639 Wiesmoor; Tel. 0 49 44/9 19 80, Fax 91 98 99

Camping
Camping- und Bungalowpark Ottermeer
Mit Moorfreibad.
Tel. 0 49 44/94 98 93; www.wiesmoorcamping.de

Drumherum liegt ganz Ostfriesland, sagen die Bewohner des Südbrookmerlandes zwischen Aurich und Emden. Und irgendwie stimmt das auch.

In Emden beginnt die **Störtebekerstraße**, die sich an der Küste bis Wilhemshaven hinzieht. Sie beginnt nicht besonders reizvoll, aber das ändert sich gewaltig, und dann liegt da dies bezaubernde Greetsiel in der **Krummhörn**, die zum Landkreis Aurich gehört. Ein Landstrich voller alter Kirchen und wunderschöner Orgeln, die zu hören lohnt.

Aber das ist längst nicht das einzig Reizvolle in dieser Gegend, wo man noch Aal, Hecht und Zander angeln kann. **Das Große Meer** ist ein Flachmoorsee am Geestrand, etwa einen Kilometer lang, mit Gräben und Kanälen mit anderen Binnenseen verbunden.

Im Nordwesten wird es vom **Loppersumer Meer**, im Südwesten um das **Kleine Meer** erweitert. Man darf es auch als landschaftliche Kostbarkeit inmitten der größeren Städte bezeichnen.

Unter einem der größten Marktplätze Norddeutschlands lassen sich Autos in einer Tiefgarage verstecken, so dass der Platz darüber, auf dem sich Traditionelles und Futuristisches mischen, den Fußgängern vorbehalten bleibt.

Die Kulturschaffenden von Aurich werden sich glücklich schätzen, in diesem schönen Gebäude der Ostfriesischen Landschaft, im Stil der Neorenaissance, in Lohn und Brot zu stehen.

Heimliche Hauptstadt Ostfrieslands: Als heutige Kreisstadt, Dienstleistungs- und Handelszentrum verblüfft die ehemalige Residenzstadt Aurich mit ihrem Charme.

Aurich

EF 4, S. 113

40 000 Einwohner
Stadtplan → S. 31

Die alte Residenzstadt mit großer Bedeutung in der ostfriesischen Geschichte hat auf ihre Weise versucht, den Bedeutungsverlust wettzumachen, den sie mit der Verwaltungsreform in Niedersachsen in den 70er Jahren hinnehmen musste.

Ungewöhnlich mutige Stadtplaner haben auffällige Akzente gesetzt. Der Marktplatz, einer der größten in Deutschland, wurde zur Fußgängerzone, mit portugiesischem Granit gepflastert. Obwohl nur noch Außenstelle der Bezirksregierung Weser-Ems, gilt Aurich doch weiterhin als »Schreibtisch Ostfrieslands«. Zwar leidet die Stadt wie andere Städte unter der wirtschaftlichen Strukturschwäche des Landes, lockt aber mit einer Stadthalle zu unterschiedlichen Kulturveranstaltungen, Kongressen und Tagungen.

Hotels/andere Unterkünfte

Alte Post b 3

Zusammen mit dem Hotel Middelpunkt ist hier Platz genug für kleine und große Radlergruppen, die auch Biergarten, Tagungs- und Banketträume vorfinden. Friesenstube und Kegelbahn. Mehrere Zimmer sind zudem als Drei- bzw. Vier-Bettzimmer nutzbar.
Esener Str. 299; OT Ogenbargen; Tel. 0 49 47/12 12, Fax 14 04; 84 Zimmer ★★
EURO

Brems Garten M b 3

Ruhig gelegener Familienbetrieb mit viel gelobtem Restaurant.
Kirchdorfer Str. 7; Tel. 0 49 41/92 00, Fax 92 09 20; www.bremsgarten.de; 28 Zimmer ★★★ AmEx EURO VISA DINERS

Stadt Aurich c 1

Komfortable Zimmer in zentraler Lage. Parkplatz, Sauna, Solarium.
Hoheberger Weg 17; Tel. 0 49 41/43 31, Fax 6 25 72; www.hotel-stadt-aurich.com; 51 Zimmer ★★ EURO VISA

Spaziergang

Auf der Westseite des Marktplatzes – unser Ausgangspunkt – liegt das **Knodtsche Haus**, ein schön renoviertes barockes Bürgerhaus. In der **Burgstraße**, die Fußgängerzone ist, stehen gut erhaltene historische Bürgerhäuser neben Neubauten, die sich harmonisch einfügen. Hier liegt auch die **Alte Kanzlei**, vermutlich Aurichs erstes Rathaus, über dem Nebeneingang das Relief der Justitia von 1568, denn hier stand früher das Gerichtsgebäude. Auffallend auch das Eckhaus Burgstraße/Hafenstraße aus dem 17. Jh. mit Sandsteinornamenten, wie Blumenranken, auf dem Backsteingiebel. Der **Lambertiturm**, ein Wahrzeichen Aurichs, steht abseits der Kirche an der Ecke Burgstraße/Kirchstraße. Wer der Burgstraße nach einem lohnenswerten Blick in die Lambertikirche weiter folgt, kommt zum alten **Burgtor** mit den Göttinnen Pallas Athene und Bellona. Gleich dahinter biegt ein kleiner Weg nach links zum **Schloss** ab. Denselben Weg geht es zurück. In der **Nürnberger Straße** kann man noch ein Häuserensemble bewundern und durch die **Norderstraße** zum Marktplatz zurückkehren.

Sehenswertes

Lambertikirche ■ b 2
Ein 1832 bis 1835 neu errichteter klassizistischer Backsteinbau. Sehenswert sind im Inneren die Schnitzarbeiten auf dem figurenreichen Kreuzigungsaltar, der um 1500 in Antwerpen entstanden und bis zur Säkularisation im Zisterzienserkloster in Ihlow stand.
Lambertshof

Pingelhus ■ b 2/b 3
Ehemaliges Hafenwärterhaus des alten Hafens, der über den Treckfahrtskanal mit Emden verbunden war. Die Glocke auf dem Dach musste bei Ankunft oder Abfahrt der von Pferden gezogenen Treckschiffe »pingeln«.
Hafenstraße

Schloss ■ a 2/b 2
Schon 1447 hatten die Cirksena hier ihr Wohngebäude errichtet, das Schloss entstand jedoch erst 1852 unter Georg V. Von der älteren Anlage ist nur der Marstall übrig geblieben, 1732 unter Verwendung von Teilen des Vorgängerhauses fertig gestellt. Zum Schlosshof öffnet sich ein Arkadengang mit Kreuzgewölbe. Als Außenstelle der Bezirksregierung ist das Gebäude nur von außen zu besichtigen.

Thingstätte Upstalsboom südwestlich ■ a 2
Einst bedeutende Versammlungsstätte der Freien Friesen mit einer 1833 errichteten Steinpyramide. Südwestlich des Zentrums, an der Straße nach Haxtum und Kirchloog.

Museen

Historisches Museum ■ b 2
Sammlung zur Landeskunde und Geschichte der mittelostfriesischen Geest in einer Kanzlei von 1530.
Burgstr. 25; Di–Fr 9–13 und 15–18 Uhr, Sa, So 11–17 Uhr

Ostfriesische Landschaft ■ b 3
Sammlung von Dokumentar- und Archivmaterial über den ostfriesischen Küstenraum. Im Fürstensaal, dem Parlamentsraum der Ostfriesischen Landschaft, einer öffentlich-rechtlichen Körperschaft, Gemälde aller ostfriesischen Regenten.
Georgswall 3–9; Tel. 0 49 41/1 79 90; Führungen nur während der niedersächsischen Sommerferien: Di, Mi und Do 11 Uhr

Stiftsmühle westlich ■ a 2
Mühle von 1858, in der Korn mit Windkraft gemahlen wird, Sammlung alter Mühlengegenstände, Modelle der wichtigsten Mühlenarten und aller Getreidearten.
Oldersumer Str. 63; Mai–Okt. Di–Sa 10–12 und 15–17 Uhr, So 15–18 Uhr

Essen und Trinken

Waldhof Wiesens
Hier hat schon ein Stiftungsfest der ostfriesischen Köche stattgefunden, die immer wieder beweisen wollen, dass Gäste in Ostfriesland nicht nur satt vom Tisch aufstehen, sondern auch, dass man hier nicht nur Fisch essen kann.
Zum Alten Moor 10; Tel. 0 49 41/6 10 99 und 6 10 90; nur abends, So auch mittags, Mo geschl. ★★★

Service

Auskunft ■ c 1
Verkehrsverein Aurich
Norderstr. 32; 26603 Aurich; Tel. 0 49 41/44 64, Fax 1 06 55; www.aurich.de

Ziele in der Umgebung

Ewiges Meer ■ E 3, S. 113

11 km nördlich von Aurich liegt Deutschlands größter Hochmoorsee, durch ein Naturschutzgebiet gesichert. Von einem Parkplatz aus führt ein direkter Weg ans Ufer, man kann den See auch umwandern. Fische leben hier nicht, weil das lebenswichtige Plankton feht. Das Ufer dient vielen Zugvögeln als Rastplatz, und durch das Gras schlängeln sich gelegentlich Kreuzottern.

Großefehn ■ EF 9, S. 117

12 700 Einwohner

Etwa 20 km südlich von Aurich liegt die 17 km lange **Fehnsiedlung**, Fünf-Mühlenland, in einer typischen Niederungslandschaft.

In Westgroßefehn, an der Ursprungsstelle des Ortes, ist das Fehnmuseum **Eiland** gebaut worden. Es zeigt die Entwicklungsgeschichte auch in großzügigen Außenanlagen (April–Sept. Di–Sa 10–17 Uhr, So 10–19 Uhr).

Im Ortsteil **Timmel** sind schöne Kirchenfenster zu besichtigen. Das **Timmeler Meer** ist ein ideales Feriengebiet für Wassersportler, und im **Boekzeteler Meer** kann man viele Vogelarten besichtigen.

Service

Auskunft
Gemeindeverwaltung
26629 Großefehn-Ostgroßefehn, Kanalstr. Süd 54; Tel. 0 49 43/92 00, Fax 92 01 06

Großheide

■ E 2, S. 113

8350 Einwohner

Es ist keine Gemeinde, wie man sie sich so vorstellt, die, 10 km nördlich von Aurich, mit Natur und frischer Luft und sonst nichts für sich wirbt. Graue Striche und verstreute Ansiedlungen sieht man auf der Karte und trifft auf ein Stück Land, in dem mancher die »Idee Ostfriesland« findet: Hochmoorsiedlungen, Moorkanäle, Hochmoorwald, Heide und Mühlen. Heute ein Wandergebiet, bis zum Ende des 18. Jh. ganz unbesiedelt. Die Bauern des Marsch-Geest-Randes stachen Moor und trockneten es zu Brenntorf, der Untergrund wurde zu Ackerland. Eine Berumer Fehn-Compagnie gründete sich und ließ Kanäle graben. Es gibt keine langen Hofreihen an den Kanälen, und nach dem Zweiten Weltkrieg entstanden hier Ferieneinrichtungen. Wer den Wegen folgt, trifft auf Moorkolonien und Urlandschaften im Berumfehner Moor, das sich bis zum Ewigen Meer hinzieht.

Marienhafe

■ D 3, S. 113

1800 Einwohner

Zuerst muss der Besucher die Wendeltreppe in den sagenumwobenen Störtebekerturm der **St.-Marien-Kirche** hinaufklettern und die Aussicht bewundern: Windmühlen, Kirchen, Seen, Wiesen und Felder und – mit etwas Glück und guter Sicht – sogar Deich und Inseln. Dort, wo der Seeräuber einst Unterschlupf fand, ist heute in der **Störtebekerkammer** ein Museum eingerichtet, das über die Geschichte der Kirche Auskunft gibt.

Manche nennen die Kirche auch »Marienhafer Dom«, mit 72 m Länge und 23 m Breite der größte Kirchenbau seiner Zeit in Ostfriesland. 1829 wurden große Teile der Kirche abgerissen, weil sie sich in einem sehr schlechten Zustand befand. Die Restkirche besteht aus dem monumentalen Westturm und dem Mittelschiff.

Neben dem berühmten Kirchturm sind es aber auch die Windmühlen, die Marienhafe zu einem beliebten Ausflugsziel machen.

Moormuseum Moordorf

■ E 4, S. 113

Auch »Museum der Armut« genannt. Es stellt die 200-jährige Entwicklungsgeschichte einer ostfriesischen Moorkolonie dar. Freilichtmuseum mit Landarbeiterhaus, Sodenhütte, Kolonistenhaus und Lehmhütte. 9
In den Ferien Aktionstage zu Themen wie Torfgraben, Hüttenbau, Mattenflechten; Teestube.
Victorburer Moor 7a; 5 km westlich von Aurich an der B 72, gut ausgeschildert; März–31. Okt., Di–So 10–17.30 Uhr, Führungen nach Voranmeldung, Tel. 0 49 42/27 34

Historisches mischt sich mit Modernem in Emden – und man mag es heute kaum glauben, dass die Stadt im Zweiten Weltkrieg zu 80 Prozent zerstört worden ist.

Emden

BC 9, S. 116

50 000 Einwohner
Stadtplan → s. u.

Der **Ratsdelft**, das Hafenbecken, liegt immer noch dort, wo bei der Entstehung Emdens vor fast 1200 Jahren die Ems verlief. Die Suche nach Historischem gestaltet sich schwierig, wenn man das wiederaufgebaute **Rathaus** besichtigt hat. Aber hier lohnt schon, die Spitze des Rathausturmes zu erklettern, um den Rundblick zu genießen.

Mag manchen Emden bisher auch nur als Otto-Ort geläufig sein, im Bewusstsein der Kunstfreunde hat die Stadt seit der Eröffnung von Henri Nannens **Kunsthalle** einen festen Platz. Und sie allein lohnt einen kürzeren oder längeren Umweg und einen Aufenthalt, der lang genug ist, eine der bedeutendsten Sammlungen des deutschen Expressionismus und der Gegenwartsmalerei zu besichtigen.

Deutsche Bucht

Hotels/andere Unterkünfte

Alt-Emder Bürgerhaus M M ■ c 3
1990 renoviertes Jugendstilhaus direkt am Stadtwall.
Friedrich-Ebert-Str. 33; Tel. 0 49 21/97 61 00, Fax 2 42 49; 12 Zimmer ★★★ AmEx DINERS EURO VISA

Am Boltentor ■ a 1/b 1
In unmittelbarer Nähe der Kunsthalle gelegen, fünf Minuten bis Bahnhof, Stadtmitte und Wallanlagen, behindertengerecht.
Hinter dem Rahmen 10; Tel. 0 49 21/ 9 72 70, Fax 97 27 33; 19 Zimmer ★★★

Larrelter Mühle M
Der zweistöckige Galerieholländer von 1732 ist vom Mühlenverein restauriert und betreut und bietet maximal 20 Personen Schlafplätze, wenn sie Iso-Matte, Luftmatratze und Schlafsack mitbringen. Es gibt Sanitäranlagen, Aufenthalts- und Frühstücksraum.
Kost Winning, Möhlenhörn, 26723 Emden-Larrelt; Tel. 0 49 21/9 74 00, Fax 9 74 09; (Tourist-Information) ★

Nichtraucherpension ■ c 3
In der Innenstadt am Faldern-Delft gelegen. Für Allergiker geeignet.
Martin-Faber-Str. 1; Tel. 0 49 21/3 29 77, Fax 3 29 78; 9 Zimmer ★★

Parkhotel Upstalsboom Emden ■ c 3
Großzügiger Neubau mit Fitnessbereich, zentral und ruhig gelegen.
Friedrich-Ebert-Str. 73–75; Tel. 0 49 21/82 80, Fax 82 85 99; 89 Zimmer ★★★
AmEx DINERS EURO VISA

Fisch muss bekanntlich schwimmen: Das Feuerschiff »Deutsche Bucht« wurde zum Spezialitätenrestaurant umfunktioniert – und serviert nun Scholle, Seezunge & Co.

MERIAN-Tipp

Wohnboot Falderndelft Wo man wohnt, kann man sich aussuchen, in Emden oder in der Umgebung, nur im Wasser muss es sein. Das Wohnboot hat ein Steuerhaus mit zwei Einzelkojen, einen Salon mit einer Doppelkoje und Küchenbereich, ein separates Bad, eine wohnzimmergroße Wohnfläche und zwei Freidecks. Inga Ludewig, Meedestr. 22, 26725 Emden, Tel. 0 49 21/97 99 88, Fax 97 99 89 ★★

Sehenswertes

Dat Otto Huus ■ b 2
Ottos Karriere im Spiegelbild von Kuriositäten, Höhepunkte aus der Ottifantenfamilie kann man auch mitnehmen.
Große Straße/Ecke Am Delft; Jan.–März Mo–Fr 11–15 Uhr, April–Dez. Mo–Fr 9.30–18 Uhr, Sa 9.30–13/16 Uhr, So (April–Okt.) 10–16 Uhr

Museen

Museumsfeuerschiff Deutsche Bucht/Amrumbank ■ b 2/b 3
Schifffahrtsgeschichtliches Museum mit intakter Maschinenanlage und Kajütenrestaurant.
Ratsdelft; April–Okt. Mo–Fr 10.30–13 und 14.30–17 Uhr, Sa und So 11–13 Uhr

Kunsthalle ■ b 1
Die Sammlung umfasst etwa 300 Exponate der Kunst des 20. Jh. Wechselausstellungen sollen das Verständnis für die zeitgenössische Kunst fördern. Ferienaktionen der angeschlossenen **Malschule** für Eltern und Kinder (→ S. 79).

Oben: Die berühmte Rüstkammer des Ostfriesischen Landesmuseums in Emden fasziniert nicht nur Kinder (→ s. u.).

Hinter dem Rahmen 13; Di 10–20 Uhr, Mi–Fr 10–17 Uhr, Sa und So 11–17 Uhr; Infotelefon 0 49 21/9 75 05

Ostfriesisches Landesmuseum und Städtisches Museum ■ b 2
Sammlungen zur Kunst- und Kulturgeschichte Ostfrieslands und zur Entwicklung der Stadt Emden im wieder aufgebauten Renaissance-Rathaus. Berühmte Rüstkammer mit historischen Waffen und Rüstungen.
Neutorstraße; Di–Fr 12–18, Sa, So 11–18 Uhr

Seenotrettungskreuzer »Georg Breusing« ■ b 2/b 3
Maritimes Denkmal neben der »Amrumbank« im Ratsdelft. Sehenswerte nautische Einrichtungen, Maschinenanlagen und Unterkünfte der Besatzung.
April–Okt. tgl. 10–13 und 15–17 Uhr

Essen und Trinken

Faldernpoort M östlich ■ c 3
Ostfriesische Spezialitäten und Fisch.
Courbièrestr. 6; Tel. 0 49 21/9 75 20; Mo–Sa 17–24 Uhr ★★

Restaurant Hotel Heerens ■ c 3
Ostfriesische Leibgerichte.
Friedrich-Ebert-Str. 67; Tel. 0 49 21/2 37 40; Mo–Fr 18–23, Sa abend geschl. So 12–15 Uhr ★★

Service

Auskunft ■ b 2
Tourist-Information
Stadtführungen, Hafen- und Grachtenrundfahrten.
Info-Pavillon am Stadtgarten; 26703 Emden; Tel. 0 49 21/9 74 00, Fax 9 74 09; www.emden-touristik.de

Camping
Campingplatz »Knock« ■ A 9, S. 116
Information und Buchungen: Stadt Emden, Sportamt; Neptunstr. 8; Tel. 0 49 21/2 28 45

Jugendherberge östlich ■ c 3
An der Kesselschleuse 5; Tel. 0 49 21/2 37 97

Ziele in der Umgebung

Greetsiel ■ BC 3, S. 112

1500 Einwohner

Ein über 600 Jahre alter Fischerhafen mit 28 Krabbenkuttern und 30 Segelbooten. Museumsort, Fußgängerzone (im Sommer) und Künstlerdorf, Zwillingswindmühlen am Sieltief – Greetsiel ist zweifellos der schönste Ort an der Nordseeküste, und dementsprechend ist der Besucheransturm zu allen Jahreszeiten. Aufwendig sind Häuser und Straßen restauriert und das alte Flair eines friesischen Fischerdorfes wieder hergestellt, wenn auch fast zu schön als solches. Mit rotem Klinker neu gepflasterte Gassen, spitzgiebelige Wohnhäuser am Hafenbecken – kein Wunder, dass Maler und Fotografen Greetsiel längst als Motiv entdeckt haben.

Und als ob nicht ohnehin genug Touristen kämen, gibt es hier auch noch eine Fülle von Veranstaltungen, die zusätzliche Besucher anlocken: das Drachenfest im September, die Greetsieler Woche, eine traditionelle Gemäldeausstellung, den ostermontäglichen Künstlertreff und den Internationalen Kunst- und Handwerksmarkt (→ Feste und Festspiele, S. 105).

Hotels/andere Unterkünfte

Hof Akkens
Schlafen in Heubutzen in der Radler- und Wanderherberge. Schlafsack mitbringen! Frühstücksbuffet im Hofcafé am Deich. Auf dem Hof Pferde, Hühner, Ziegen, Katzen ... Reiten möglich.
Tel./Fax 0 49 26/17 14,
E-Mail: Akkens@t-online.de ★★

Sehenswertes

Zwillingsmühlen
Die Mühlen am Ortsausgang gehören zu den so genannten Galerieholländern. Sie sind etwa 21 m hoch. In der vom Ort aus ersten Mühle ist eine Teestube mit ständig wechselnden Kunstausstellungen eingerichtet. Die zweite Mühle wird noch bewirtschaftet. Hier gibt es von Mai bis Oktober Führungen.
Infotel. 0 49 26/8 90.

Museen

Buddelschiffmuseum
Über 500 Buddelschiffe auf 110 qm.
Mühlenstr. 23; in der Saison 11–18 Uhr.

Nationalparkhaus
Ausstellung zu Flora und Fauna im Küstenbereich, naturkundliche Führungen.
Schatthauser Weg; April–Okt.

Ein Besuch der rund 450 Jahre alten Manninga-Burg in Pewsum vermittelt hübsche Eindrücke (→ S. 38).

Service

Auskunft
Touristik GmbH
Zur Hauener Hooge 15; 26736 Krummhörn-Greetsiel; Tel. 0 49 26/9 18 80, Fax 20 29; www.greetsiel.de

Jugendherberge
Kleinbahnstr. 15; Tel. 0 49 26/5 50

Krummhörn ■ B 4, S. 112

Ferien-, Kunst- und Kulturlandschaft Krummhörn nördlich von Emden: Der Name bedeutet »krummes Kap« und beschreibt die bogenförmige Küstenlinie. Immer wieder stößt man hier auf das typische ostfriesische Bauernhaus, das Gulfhaus. Mensch und Vieh leben im Gulfhaus unter einem gemeinsamen, dafür riesigen Dach, das fast bis auf die Erde reicht. Hier ist auch Platz für den Wirtschaftsbereich, für die Lagerung von Futter und Heu, so dass keine Nebengebäude notwendig sind. Im selben Stil sind zahlreiche ostfriesische Landhäuser entstanden.

Pewsum ■ BC 4, S. 112

Hier lohnt das **Freilichtmuseum Manninga-Burg**, eine restaurierte Wasserburg aus dem 15./16. Jh., am Drostenplatz (Marktplatz) einen Besuch (Mitte Mai–Mitte Okt. Di und Do 10–12.30 und 15–17 Uhr, Sa und So 15.30–17.30, Mo und Mi Gruppenführungen, Voranmeldung Tel. 0 49 23/71 06).

Ebenfalls anschauen sollten Sie die **Mühle mit Lager- und Gulfhaus** von 1843. In der Windmühle (Galerieholländer) sind Geräte aus der Landwirtschaft, dem ländlichen Handwerk, des Deichbaus und der Entwässerung zu besichtigen.
15. Mai–15. Okt., Oster- und Herbstferien Di und Do 9.30–11 und 15.45–17.15 Uhr, Sa und So 15.30–17.30 Uhr

Pilsum ■ B 4, S. 112

Die auf hoher Warf liegende Kreuzkirche aus dem 12. Jh. mit dem Turm in der Mitte auf Vierungspfeilern gilt als eine der schönsten im Land. Der Windenergiepark umfasst zehn Mühlen à 300 kW auf einer Fläche von ca. 16 ha Richtung Deich. Führungen sind möglich.

Besichtigen kann man in der Saison auch den gelb-rot geringelten Pilsumer Leuchtturm, der als ostfriesisches Wahrzeichen durch Otto Waalkes Filme bekannt wurde. Info-Tel. 0 49 26/9 18 80.
Tel. 0 49 31/18 22 50; einmal im Jahr findet ein Schlickschlittenrennen statt; den Käsehof Rozenburg kann man in den Ferien besichtigen.

Rysum/Groothusen ■ A 9, S. 116

Zwei weltbekannte Orgeln sind hier zu sehen und mit etwas Glück auch zu hören. Die spätgotische Orgel zu **Rysum** von 1457 ist das älteste spielbare und im Grundbestand erhaltene Orgelinstrument Deutschlands. Die Rokoko-Orgel von Johann Friedrich Wenthin aus dem Jahr 1801 steht in **Groothusen**. Auskunft bei Prof. Vogel, Norddeutsche Orgelakademie in Bunderhee.
Schlüssel für die Besichtigung bei den Küstern: Schreiber, Groothusen, Tel. 0 49 27/12 78; Leeling, Rysum, Tel. 0 49 27/2 18

Upleward ■ B 4, S. 112

In dem fast 900 Jahre alten idyllischen Warfendorf flutet das Meer bis an den Deich, und hinter dem liegt ein Trockenstrand. Das kleinste Speiselokal Ostfrieslands heißt »Haaskehörn«.

An der nach dem bekannten Piraten benannten Straße reihen sich die Orte aneinander, die Urlauber auf die Inseln bringen.

Norden ist nicht nur eine Himmelsrichtung, sondern auch die älteste Stadt Ostfrieslands. Von hier bis Wilhelmshaven in Oldenburg verläuft die Störtebekerstraße.

Harlingerland und **Wangerland** werden von den meisten Ostfrieslandtouristen wenig wahrgenommen. Es stimmt schon, es ist fast nichts davon da, was viele mit Ferien assoziieren: Unterhaltung, Einkaufsstraßen, Diskotheken usw. Das mag in den meisten ostfriesischen Regionen ähnlich sein, doch hier sind die Entfernungen größer, die Landschaft ist karger und der Komfort immer noch mittelmäßig.

Hier gibt es im Übermaß, was wenige suchen: Ruhe und Reizklima und die Möglichkeit zu langen Deichwanderungen. Und wenige Kilometer landeinwärts dann doch einige Überraschungen wie das **Schloss** in Dornum, Ostfrieslands letzte Bockwindmühle, die neugotische Hallenkirche in Esens, das **Holografiemuseum** in Esens.

An der Küste immer wieder mal kleine Ferienorte, die sich bemühen, vergessen zu lassen, dass man an der Nordsee ist: Meerwasserschwimmbäder ignorieren, dass Ebbe ist und Solarien lassen immer Sonnen scheinen. Und so treffen Urlauber dort am Wochenende auch die Binnenländer, die zum Beispiel aus Aurich kommen und vom nordseenahen Wohnort profitieren.

Jever und **Wangerland**, der östliche Teil der ostfriesischen Halbinsel bis Wilhemshaven, gehört historisch eigentlich zu Oldenburg. Aber die Bewohner bestehen nicht darauf, und den Urlaubern ist es egal.

Wer nicht rechtzeitig daran gedacht hat, dass er Urlaubstage in Ostfriesland verbringen will, und alles bestellt und besetzt vorfindet, sollte es hier noch einmal probieren. Mag sein, dass er kein Fenster mit Aussicht aufs Meer mehr bekommt, aber es muss kein Trostpflaster sein, sich hier für ein Quartier im Binnenland zu entscheiden.

Und Eltern mit Kindern freuen sich, dass es hier weniger Verbotsschilder gibt als anderswo, weil Platz in Hülle und Fülle da ist.

Im Rathaus von Wittmund (→ S. 45) regiert man auch die »Stadtteile« Carolinensiel, Harlesiel und Altfunnixsiel, die jedoch etliche Kilometer weiter Richtung Küste liegen.

Zahlreiche Kureinrichtungen

und ein Meerwasser-Hallenwellenbad – Norden-Norddeich ist der größte Küstenbadeort der Ostfriesischen Halbinsel.

Norden

C 2, S. 112

26 000 Einwohner

Das Nordseebad heißt Norden-Norddeich, und doch sind es zwei Orte: Die alte Stadt **Norden,** deren Sehenswürdigkeiten sich um den wohl größten (sieben Hektar!) baumbestandenen **Marktplatz** Europas gruppieren, zum Beispiel die **Ludgerikirche** mit einer bedeutenden Orgel, das größte Gotteshaus des Landes, und das einmalige **Teemuseum**. Die angebotene Führung heißt dementsprechend natürlich »Rund um den Norder Marktplatz«. Norden, die älteste Stadt Ostfrieslands, hat mit dem nördlichen Stadtteil Norddeich (berühmt wegen seiner Seehundaufzuchtstation) zugleich eines der jüngsten Nordseebäder.

Und dann ist Norddeich der Umsteigebahnhof auf die Fähren nach Juist und Norderney. Von hier aus kann man auf dem Norddeich, der dem Ort seinen Namen gab, nach Utlandshörn zum Sender **Radio Norddeich** gehen oder besser wandern, denn bis dorthin ist es ein gutes Stück Weg, drei Kilometer etwa. Der Norddeich ohne begrüntes Vorland ist ein bei Sturmfluten gefährdeter Deich, daher ist er mit Stein- und Betonwerken und ins Meer reichenden Buhnen (Wellenbrechern) gesichert. Von **Utlandshörn,** auf hochdeutsch »äußerste Landspitze«, kann man bei guter Sicht im Westen Borkum und im Südwesten die holländische Küste erkennen.

Lebensretter mit Über- und Weitblick: Vor allem Insel-Neulinge können für diesen Service dankbar sein – denn immer wieder unterschätzen manche Feriengäste den Gezeitenwechsel.

Hotels/andere Unterkünfte

Fährhaus C 2, S. 112

Ein komfortables Haus direkt am Meer, an der Straße zum Hafen gelegen. Diätküche, Suiten, Schwimmbad, Blick aufs Meer.

Hafenstr. 1, Norddeich; Tel. 0 49 31/9 88 77, Fax 98 87 88; 40 Zimmer ★★★ AmEx DINERS EURO VISA

Hotel Reichshof

Ruhig, in der Fußgängerzone, Hotelhalle und Hausbar waren ein Kornspeicher.

Neuer Weg 53, Norden; Tel. 0 49 31/17 50, Fax 1 75 75; 35 Zimmer ★★★ AmEx DINERS EURO VISA

Silencehotel Regina Maris

Direkt an der Deichpromenade gegenüber der Seebadeanstalt, mit Schwimmbad, Sauna und glasüberdachter Terrasse.

Badestr. 7c, Norden; Tel. 0 49 31/1 89 30, Fax 18 93 75; 62 Zimmer ★★★ AmEx DINERS EURO VISA

Sehenswertes

Ludgerikirche

Dem romanischen Langhaus wurde im 14. Jh. ein gotisches Querschiff angefügt, ein Jahrhundert später der Chorraum. Die Arp-Schnitger-Orgel

(1686–94) können Besucher um Ostern und im Sommer mittwochs um 20 Uhr hören.
Am Markt 37; April–Sept. Mo–Sa 10–12.30 und (außer Mo) 15–17 Uhr, Okt.–März Sa Nachmittag geschl.; Führungen Pfingsten bis Sept. Mo 10.30 Uhr, Do 15.30 Uhr

Seehundaufzucht- und Forschungsstation ■ C 2, S. 112
Im Freizeitzentrum »Wellenpark« in Norddeich finden Kinder und Erwachsene eine besondere Attraktion. Seit 1980 werden hier junge mutterlose Seehunde großgezogen und im September/Oktober wieder ins Wattenmeer zurückgebracht. Bedeutende Vogelsammlung.
Führungen möglich, Tel. 89 19; tgl. 10–17 Uhr

Schöninghsches Haus
In der Osterstraße ist dieses Gebäude von 1576 mit Ostfrieslands schönstem Renaissancegiebel zu bewundern.

Museen

Muschelmuseum
850 verschiedene Muscheln und Schnecken aus allen Weltmeeren.
In der Gnurre 40 (Frisia-Mühle); April–Okt. Di–Fr 14.30–18 Uhr.

Ostfriesisches Teemuseum
Mit dem Heimatmuseum verbunden ist das 1989 eröffnete erste europäische Teemuseum. Hier erfährt man manches über die Teekultur Ostasiens, Anbau, Ernte, Fermentierung, Mischung und Zubereitung sowie über Teetrinkergewohnheiten und Rituale. Zu sehen ist auch eine stattliche Sammlung von Teegerätschaften unterschiedlicher Länder und Epochen.
März–Okt. Di–So 10–16 Uhr; Tel. 0 49 31/1 21 00

Essen und Trinken

Fährhaus
Einen guten Fenstertisch sollte man sich schon rechtzeitig reservieren, wenn man zu einem Fischgericht den Blick aufs Meer genießen möchte.
Hafenstr. 1; Tel. 0 49 31/9 88 77 ★★★

Restaurant im Hotel Reichshof
Große und gute Auswahl nicht nur ostfriesischer Speisen. Terrasse!
Neuer Weg 53, Norden ★★

Service

Auskunft
Kurverwaltung ■ C 2, S. 112
Dörper Weg 22; 26506 Norden-Norddeich; Tel. 0 49 31/98 62 00, Fax 98 62 90; www.norden-norddeich.de

Camping
Nordsee-Camp
Deichstr. 21; Tel. 0 49 31/80 73, Fax 80 74

Freizeitzentrum Wellenpark ■ C 2, S. 112
Am Dörper Weg in Norddeich findet man eine Fülle von Freizeitangeboten unter einem Dach: Meerwasser-Hal-

MERIAN-Tipp

Museumseisenbahn Sie fährt Ostern, am 1. Mai, Himmelfahrt, Pfingsten und von Juni bis Oktober an jedem Sonntag mit historischen Loks und Wagen auf der ehemaligen Küstenbahn von Norden über Hage nach Dornum und zurück. Manchmal werden preiswerte Sonderfahrten angeboten. Das Küstenbahnmuseum im Lokschuppen am Bahnhof Norden kann man auch besichtigen. Info-Tel. 16 90 30, ab 18 Uhr

Oben: Im Ostfriesischen Teemuseum in Norden findet man nicht nur Schönes fürs Auge, sondern auch jede Menge Wissenswertes.

Mitte: In Nordens Seehundaufzuchtstation werden die mutterlosen Heuler aufgepäppelt, um im Herbst »fit for life« im Wattenmeer zu sein.

Unten: Das Prunkstück der Ludgeri-Kirche ist die über dreihundert Jahre alte Orgel, deren Töne so manchem Besucher – in positivem Sinne – durch Mark und Bein gehen.

lenwellenbad, Treffpunkte für große und kleine Gäste, Minigolfplatz, Rollschuhbahn, Seehundaufzuchtstation und Tiergehege.

Jugendherberge ■ C 2, S. 112
Strandstr. 1; 26506 Norden-Norddeich;
Tel. 0 49 31/80 64, Fax 8 18 28

Ziele in der Umgebung

Dornum ■ E 2, S. 113

2500 Einwohner

Nur wenige Kilometer von der Küste entfernt liegt ein Kleinod, das zu übersehen bei einem Ostfriesenurlaub sträflich wäre. Zu sehen ist hier das **Dornumer Schloss**, eigentlich Nachfolger einer der drei Burgen, die hier im 14. Jh. entstanden sind. Zwei wurden 1541, nachdem sie während der Sächsischen Fehde zerstört worden waren, wieder aufgebaut. Die **Beningaburg** oder **Osterburg**, in der heute Hotel und Restaurant untergebracht sind, und eben die **Norderburg** oder das Schloss, das 1698 in der heutigen Form entstanden ist und in der jetzt Schüler unterrichtet werden. Über den äußeren Burggraben gelangt man auf einer Holzbrücke zur Einfahrt und zur **Torburg**. Vom Schlosspark über den Hauptgraben erreicht man das Hauptgebäude mit **Rittersaal**.
Nur mit Führungen nach Vereinbarung, Tel. 0 49 33/27 13 und 9 18 10

Service

Auskunft
Kurverwaltung Samtgemeinde Dornum GmbH
Hafenstr. 3; 26553 Dornum;
Tel. 0 49 33/9 11 10, Fax 91 11 15

Camping ■ F 1-2, S. 113
Campingplatz Dornumersiel
Tel. 0 49 33/3 51 (April–Sept.) sonst 9 18 80

Esens ■ A 6, S. 114

6600 Einwohner

Wieder so ein Doppelname: Esens-Bensersiel. **Bensersiel** wurde 1619 als neuer Hafenplatz für Esens, den ehemaligen Sitz ostfriesischer Häuptlinge, gegründet. Die Eindeichung der Harlebucht hatte zur Aufgabe des alten Hafens geführt. Und so verfügt die kleine Stadt mit dem restaurierten Kirchplatz und Arkadentreff über ein eigenes Ferienzentrum an der Krabbenküste. Zu einem der traditionsreichsten Schützenfeste Ostfrieslands versammeln sich hier jedes Jahr tausende.

Museen

August-Gottschalk-Haus
Gedenkstätte und Ausstellung zur neueren Geschichte der ostfriesischen Juden.
Burgstr. 8; April–Okt. Di, Do, So 14–17 Uhr

Holarium
Hologramme und »Spiele mit den menschlichen Sinnen«.
Kirchplatz 2; März–Okt. Mo–Do, Sa und So 10–12 Uhr und 14–18 Uhr

Service

Auskunft
Kurverwaltung Kirchplatz
26427 Esens; Tel. 0 49 71/91 50, Fax 49 88

Camping ■ F 1-2, S. 113
Familien-Campingplatz Bensersiel
Tel. 0 49 71/91 71 21; Mai–Sept.

Jugendherberge
Bensersieler Straße; Tel. 0 49 71/37 17

Hage ■ D 2, S. 113

10 000 Einwohner

Im Land der 100 Burgen, Schlösser und Herrensitze kann man hier nicht nur in der Burg Berum, 200 m vom weißen Herrenhaus **Schloss Nordeck** entfernt, wohnen, sondern auch im Schlosspark der **Lütetsburg** aus dem 16. Jh. zwischen exotischen Bäumen, künstlichen Gewässern, Pavillons und »Lustgebüschen« spazieren. Besonders schön ist der Park im Mai und Juni, wenn die Narzissen, dann die Azaleen und schließlich der Rhododendron blühen (Zugang durch die Gärtnerei, westlich des Hauptportals). Die **Hager Mühle**, ein fünfstöckiger Galerienholländer, ist mit 30,20 m die höchste Mühle Ostfrieslands.

Hotels/andere Unterkünfte

Gästehaus Burg Berum MM
Die meisten steinernen Zeugen der Vergangenheit in dieser Gegend sind bewohnt und gestatten dem Besucher nur einen Blick auf die Fassaden. Eine Ausnahme stellt die Burg Berum dar. Sie ist mit Ferienwohnungen (für Nichtraucher!) sowie einer Sauna ausgestattet und liegt direkt am Wald. Leihfahrräder sind vorhanden. Vorschläge für Radtouren und Wanderungen, die direkt vor der Tür beginnen, gibt es im Haus.
26524 Hage-Berum; Tel. 0 49 31/77 55; 9 Ferienwohnungen ★★

Neuharlingersiel

■ AB 6, S. 114

1200 Einwohner

Das Herz des alten Fischerortes, von dem in diesem schmucken Ferienort fast nichts übrig geblieben ist als ein schönes Fotomotiv, schlägt am Hafen, der von modernen Hotels und Restaurants gesäumt wird. Höhepunkt der Woche sind die sonntäglichen Hafenkonzerte vor der malerischen Kulisse. Hier gibt es Meerwasserhallenbad, Tropengarten, Fitnessstudio, Jugendtreff – und wenige Schritte hinter dem Ort hört man wieder die Nordsee.

Sehenswertes

Seriemer Mühle »De Goede Verwachting«
Windmühle von 1804 und Sägewerk von 1828, Mühlenmuseum und Teestube.
Tel. 049 74/228; Teestube April–Okt. tgl. 10.30–12.30 und 14.30–18.30 Uhr; Richtung Esens, vor Groß Holum links abbiegen, die Mühle liegt links

Museen

Buddelschiffmuseum
Miniaturmodelle von Schonern, Gaffeln und Barken in Flaschen.
Am Hafen Westseite 7; 27. Dez.–Mitte Jan., Mitte Feb.–Nov. Mi–Mo 10–13 und 14.30–18 Uhr

Service

Auskunft
Kurverwaltung
Edo-Edzards-Str. 1, 26427 Neuharlingersiel; Tel. 0 49 74/18 80, Fax 7 88

Wittmund

■ B 7, S. 114

8300 Einwohner

Carolinensiel, Harlesiel, Altfunnixsiel – alle gehören zur Stadt Wittmund, die somit über einen Binnenhafen im Wattenmeer verfügt, umgeben von einem Kur- und Ferienzentrum.

Der älteste Siedlungskern von Wittmund ist um die Nicolaikirche herum zu finden, die seit 1776 eine Vorgängerin von 1541 ersetzt. Einen Schlosspark gibt es bei der Stadthalle, mit der einzigen vollständig erhaltenen Wallanlage Ostfrieslands, aber ohne Schloss.

Zehn Autominuten liegen zwischen Carolinensiel und Wittmund, und fast in der Mitte ist Altfunnixsiel zu finden mit der Miniaturstadt **Lütge Land**.
Mai–Okt. 9–19 Uhr

Die Seeräuber waren als Erste da. Sie errichteten 1383 die »Sibetsburg«. Und dann kam Prinz Adalbert mit dem Auftrag, eine preußische Flotte aufzubauen.

Wilhelmshaven

E 7-8, S. 115

90 000 Einwohner

Die »Grüne Großstadt am Meer« entstand mit der Anlage eines Kriegshafens 1856 bis 1869. Menschen aus allen preußischen Provinzen erhofften sich hier Arbeit und besiedelten die umliegenden Dörfer, die zunächst zur Stadt Rüstringen vereinigt wurden und dann zu Wilhelmshaven kamen. Zunächst waren typische Arbeitersiedlungen mit Reihen- und Doppelhäusern entstanden, ab 1913 eine Kolonie am Stadtrand, und vieles erinnert heute noch an die typische Bauweise der 20er Jahre. Das Schönste an der Stadt: Man ist in einer Viertelstunde an der Nordsee.

Hotels/andere Unterkünfte

Nordseehotel
Auch wenn man es von außen vielleicht nicht glauben mag, hinter diesen Mauern verbirgt sich ein behagliches Silence-Hotel mit Sauna, Spielraum und empfehlenswertem Panorama-Restaurant.
Zum Ölhafen 205; Tel. 0 44 21/96 50, Fax 96 52 80; 51 Zimmer ★★★ AmEx DINERS EURO VISA

Seerose
Am Südstrand, was mit einem bisschen Glück den Blick aufs Meer bedeutet.
Südstrand 112; Tel. 0 44 21/4 33 66, Fax 2 88 01; 15 Zimmer ★★★ EURO VISA DINERS

Spaziergang

Gänge durch die Gründerzeit
Jeden Sonntag um 10 Uhr, von Mai bis September, auch am Sonnabend um 15 Uhr, treffen sich alle, die unter Leitung einer Wilhelmshaven-Hostess einen Rundgang durch das Wilhelmshaven der 70er und 80er Jahre des vorigen Jahrhunderts machen wollen. Zum Abschluss wird typisch friesischer Tee getrunken. Bei unfreundlichem Wetter findet der Rundgang im Saal statt – als Dia-Schau.
Inklusive Teepause ca. 7,50 €; Anmeldung erforderlich; Tel. 0 44 21/92 79 30

Sehenswertes

Feuerschiff
Das Weserfeuerschiff »Norderney«, das bis 1981 noch den Schiffen in der Deutschen Bucht den Weg gewiesen hat, liegt jetzt neben der Kaiser-Wilhelm-Brücke am Bontekai und kann besichtigt werden.
Di–So 11–24 Uhr

Pumpwerk
Der Name täuscht, wenn hier etwas gepumpt wird, dann Kultur in die Besucher, und das in einer Weise, die dieses Kulturzentrum im ehemaligen Pump- und Schöpfwerk seit 16 Jahren über die Grenzen Niedersachsens bekannt werden ließ. 1991 renoviert, mit Bistro und Biergarten bestückt, erfreut das Pumpwerk mit internationalen Jazzveranstaltungen und Kleinkunst.
An der Deichbrücke; Tel. 0 44 21/4 38 77

Seewasseraquarium
Eine der größten Attraktionen für Landratten, lässt sich hier doch die Unterwasserwelt der Nordsee beobachten. Am Strand liegt die »U 10«, ein Unterseeboot.
Südstrand 21; tgl. 10–18 Uhr

Wattenmeerhaus
Ein Erlebniszentrum, in dem man das ganze Wattenmeer als Lebensraum von Tieren, Pflanzen und Menschen erkunden kann.
Südstrand 110b; tgl. 10–18 Uhr

Museen

Marinemuseum
150 Jahre Marine, das ist auch die Geschichte der Stadt.
Südstrand 125; April–Okt. tgl. 10–19, sonst bis 17 Uhr

Essen und Trinken

Ratskeller
Gut und günstig, mit Biergarten.
Rathausplatz 1; Tel. 0 44 21/2 19 64
★ bis ★★

Service

Auskunft
Tourist-Information
Ebertstr. 110; 26382 Wilhelmshaven; Tel. 0 44 21/91 30 00, Fax 9 13 00 10; www.wilmelmshaven.de

Ziel in der Umgebung

Jever

C 7, S. 114

12 800 Einwohner

Am eindrucksvollsten sind für den Besucher zunächst die 32 m hohen Gärtürme der **Brauerei**, aber er sollte die sehenswerte **Altstadt** mit Rathaus, Schloss und Stadtkirche nicht versäumen. Die **Stadtkirche** wurde am Ort ihrer 1959 abgebrannten Vorgängerin in beeindruckender Architektur wieder aufgebaut und kontrastiert mit dem von 1609 bis 1621 errichteten **Rathaus** mit Renaissancegiebel und kunstvoller Wandtäfelung. Die Schlossstraße führt auf das Wahrzeichen von Jever zu. Ältester Teil der Anlage ist der 1428 errichtete **Wehrturm**, der später zur **Wasserburg** erweitert wurde.

Sehenswertes

Friesisches Brauhaus
Zur Besichtigung ist frühzeitige Anmeldung erforderlich.
Tel. 0 44 61/1 37 11, Fax 1 37 04; Mo–Fr 9.30–16.30, Sa bis 12.30 Uhr

Museen

Schlossmuseum
Wohnkultur des 18. und 19. Jh.
Di–So 10–18 Uhr, Mo und Mitte Jan. bis Ende Feb. geschl.

Keine Kompromisse, kein anderes Bier: Im Friesischen Brauhaus wird einzig und allein das herbfrische Jever Pils gebraut.

Aufgewacht ist es schon längst, das Dornröschen der Nordsee, und so klein, dass nur Zwerge dort Platz hätten, ist die Insel mit dem feinsten Badestrand auch nicht.

Baltrum

E 1, S. 113

500 Einwohner

Auf einer Fläche von sechseinhalb Quadratkilometern leben 500 Einwohner, knapp 40 Hunde, vermutlich 10 Hühner, einige Schweine (die essen müssen, was die Gäste auf den Tellern lassen), Hasen, freche Fasane und einige Rehe. Und was hat die Kleine sonst? Die blaue Europaflagge für umweltgerechtes Verhalten, aber die haben andere auch. Der Umweltausschuss hat sogar eine Liste der Betriebe veröffentlicht, die ein umweltfreundliches Frühstück – also ohne diese eingeschweißten Plastik-Probepackungen – anbieten. Es heißt hier zwar nicht Jute, aber Baumwolle statt Plastik. Umweltschutz auf Baltrum bedeutet auch Mehrweg- statt Einwegflaschen, Papiertüten, Schwimmbad mit Wärmerückgewinnungsanlage, vollbiologische Kläranlage, Verwendung umweltfreundlicher Reinigungsmittel in gemeindeeigenen Anlagen.

Und dann gibt es noch die Strandwinde, die eigentlich seit 1982 in Deutschland ausgestorben ist. Sie kommt in nur wenigen Exemplaren vor, aber vielleicht haben Sie ja Glück und sehen eine. Der **Strand** ist das Feinste auf Baltrum. Seine Breite schwankt mit den Gezeiten. Bei Niedrigwasser kann er im Hauptbad bis zu 200 Meter breit sein, bei Hochwasser schrumpft er auf ungefähr die Hälfte, und die Strandzelte müssen etwas nach hinten gerückt werden.

Egal, wo auf der Insel man wohnt oder wo man hin will, man ist praktisch schon da. Am Strand, in den Dünen, im Café, im Rathaus, auf dem Kinderspielplatz, beim Einkaufen. Die Tageszeitung gibt es, kurz nachdem die Fähre (tideabhängig) angekommen ist, der Weg vom Hafen ins Zentrum ist auch nicht weit. Straßennamen braucht Baltrum nicht, und auf Hausnummern ist kein Verlass, sie sind mit der Reihenfolge des Häuserbaus entstanden.

Nummer 5 ist wohl das älteste Inselhaus, Wind und Stürmen angepasst und dementsprechend niedrig, mit kleinen Fenstern und Giebeln zum Watt. Ähnlich alte Häuser stehen auch im Ostdorf. Ach ja, das Haus Nummer 5 findet man hinter dem Haus Nummer 6, vom Kirchenausgang gesehen. Die Glocke vor der alten Inselkirche, die 1826 erbaut wurde und längst unter Denkmalschutz steht, gilt als das eigentliche Wahrzeichen des »Dornröschens der Nordsee« – eine holländische Schiffsglocke, irgendwann an den Strand gespült.

Das Meer hat im Westen die Substanz der Insel trotz ständiger Baumaßnahmen so angegriffen, dass sich Anfang 1990 erhebliche Schäden am Schutzwerk des Westkopfes zeigten, die aber in jahrelangen Arbeiten mittlerweile beseitigt worden sind.

Der erste Eindruck, man könne mit einem Tagesausflug alles sehen und erfahren, trügt. Unterschiedlich lange Wanderwege erschließen immer neue Ausblicke: Auf einer Wanderung um die Insel herum zum Bei-

Oben: Das ideale Transportmittel auf den Inseln sind die »umweltgerechten« Pferdewagen – beliebt bei Groß und Klein.

Mitte: Strandgymnastik einmal anders ...

Unten: Von schlichter Schönheit ist die alte Inselkirche, die unter Denkmalschutz steht. Die Glocke davor gilt als Wahrzeichen von Baltrum.

spiel kann man bis zu den Nachbarn auf Langeoog, Norderney, sogar zum Festland sehen und in warmen Sommernächten die Leuchttürme und Feuerzeichen orten.

Hotels/andere Unterkünfte

Hotel Dünenschlößchen
Eins der Häuser mit umweltfreundlichem Frühstück und Restaurant mit Nichtraucherzone, Babywickelraum und Behinderten-WC, Bibliothek, Sonnenterrasse, aber wie alle Hotels auf der Insel – einige Pensionen ausgenommen – nur von Mitte März bis Mitte Oktober geöffnet.
Ostdorf 48; Tel. 0 49 39/9 12 30,
Fax 91 23 13; 43 Zimmer ★★★
EURO VISA DINERS

Essen und Trinken

Hotel Fresena
Schön essen gehört zum Urlaub, und hier trägt das Ambiente dazu bei: die Gute Stube, Schalentiere und Mowi-Lachs sind die Spezialitäten des Hauses.
Tel. 0 49 39/2 31; Ostern–Okt. tgl. ab 17.30 Uhr ★★★

Witthus M
Auf dem Weg vom Hafen, beim Spaziergang – irgendwann zieht es jeden in das schöne Haus oder auf die Terrasse.
Tel. 0 49 39/99 00 00; tgl. ab 11 Uhr ★★

Service

Auskunft
Tourist-Info
Postfach 120; 26572 Baltrum;
Tel. 0 49 39/91 40 03, Fax 91 40 05,
www.baltrum.de

Ausflüge
Zu den Nachbarinseln und nach Helgoland fährt die Baltrum-Linie.
Tel. 0 49 39/9 13 00, Fax 91 30 40

Camping
Auf dem Gelände des Niedersächsischen Turnerbundes kann man zelten, aber nur nach Anmeldung.
Carlo Freesemann
Pestalozzistr. 5, 26 131 Oldenburg

Fahrkarten
Fahrkarten für die Fähre gibt es auf dem Schiff.

Fahrradfahren
Nicht erwünscht: »Die aggressive Salzluft bekommt Ihrem Drahtesel nicht«.

Fliegen
Die **Baltrum Flug GmbH** veranstaltet regelmäßig Rundflüge und Flüge nach Helgoland.
Tel. 0 49 39/91 40 40

Garagen
Am Fährhafen in Neßmersiel;
Tel. 0 49 33/22 23, 7 21 und 23 63

Gymnastik
Strandgymnastik findet im Sommer jeden Morgen um 10 Uhr statt, bei ungünstiger Witterung in der Sporthalle am Strand.

Inselwanderungen
Regelmäßige Wanderungen mit Erläuterungen zu Flora und Fauna; Termine gemäß Aushang.

Nationalparkhaus
Information zum Wattenmeer.
Haus Nr. 177; Tel. 0 49 39/4 69

Tennis
Auskunft und Anmeldung Tel. 0 49 39/6 99 und 9 18 30

Windsurfen
Surfkurse und Boardverleih bei der Surfschule Ulfert Mammen an der Strandpromenade.
Tel. 0 49 39/4 33

Tradition und Moderne, alt und neu, ländlich und städtisch – eine liebenswerte Mischung, die die 36 Quadratkilometer Borkum zu einer interessanten Insel macht.

Borkum südwestlich ■ A 2, S. 112
6000 Einwohner
Karte → S. 53

Die Reise nach Borkum kann ganz ungewöhnlich anfangen: Seit einigen Jahren lässt sie sich vom Emdener Außenhafen von vorher 2,5 Stunden auf weniger als die Hälfte verkürzen, und zwar mit Hilfe eines Nordlichts. So heißt nämlich der erste deutsche High-Speed-Catamaran, ein schneller Flitzer, der allerdings keine Autos befördert. 272 äußerst komfortable Sitze mit der Beinfreiheit eines Edelkinos erzeugen in dem in Norwegen gebauten Gefährt ein ähnliches Reisegefühl wie in einem Transatlantikjet. Angetrieben wird die MS Nordlicht von zwei Wasserstrahlaggregaten mit gleichzeitig lenkbarem Wasserstrahl. Zwei Motoren mit zusammen 5000 PS erzeugen die Kraft für diesen Antrieb. Alle Räume sind vollklimatisiert – klar, dass man bei 38 Knoten (das sind 70 Kilometer pro Stunde!) nicht mehr an Deck klettern und die Haare im Wind flattern lassen kann.

Aber auch mit der normalen Fähre kommt man an, nur ein bisschen später. Weiter geht es mit Bus und Inselbahn, die, seit 1994 mit neuen Zügen und jetzt mit Rapsöl betrieben, achtmal am Tag – und im Jahr etwa 600 000 Inselgäste befördert. Auch die ausgefallene Spurweite von 900 Millimetern und einen zweigleisigen Streckenbetrieb hat keine der anderen Inseln zu bieten. Vorbei am abgesperrten Militärgelände zuckelt das Bähnchen in den Ort.

6000 Einwohner warten mit 1800 Betten in Hotels, 7793 in Pensionen und 6960 in Appartements auf Feriengäste. Dazu gibt es natürlich noch Sanatorien und Kurkliniken, Familien-, Kinder- und Jugendheime und einen Campingplatz.

Der schnelle Aufstieg des ehemaligen Fischerortes hat den alten Ortskern stark verändert. Sicher, das typische Insulanerhaus, wie es noch im Borkumer **Heimatmuseum** zu sehen ist, das **Gulfhaus**, war zur Unterbringung von Menschen und Tieren unter einem Dach und nicht als Ferienappartement gedacht. So wich auch hier das Alte dem Zweckmäßigen zugunsten einer neuen Existenzgrundlage für die Borkumer. Die große Zeit der Walfangkapitäne und Kommandeure war im 18. Jahrhundert zu Ende gegangen. Geblieben sind nur die stumpf-grauweißen Zäune aus Walkiefer, die an einigen Vorgärten noch zu sehen sind, und die Erinnerung an die darauf folgenden Zeiten der Armut. Nicht alle mögen zunächst unglücklich gewesen sein, als die »große Zeit« zu Ende ging, denn mehr als ein Drittel der Ernährer der Borkumer Familien war »auf See geblieben«.

So leben die Borkumer jetzt vom Hochseeklima. Der Spaziergang am Flutsaum gilt als Inhalationskur in der Natur. Erkrankungen der Atemwege, aber auch Allergien und vegetative Störungen kann man hier mit Kuren behandeln: Die dazu erforderlichen Einrichtungen gibt es in sichtlich ausreichendem Maß.

Vielleicht sollte man zuerst auf einen Leuchtturm klettern, um sich einen Überblick zu verschaffen? Von der Turmbrüstung des alten Leuchtturms neben dem Museum hat man, sagen einige, den schönsten Blick auf die Insel. Dasselbe behaupten andere vom neuen Leuchtturm mitten im Kurviertel, der »nur« 112 Jahre alt ist. Der Neubau stand damals noch mitten in den Dünen. Heute liegt er hinter der Strandpromenade, und wer die 300 Stufen zu erklimmen bereit ist, sollte ein Fernglas mitnehmen: Man blickt über die Emsmündung zur holländischen Küste hinüber und sieht etwa sechs Kilometer entfernt die kleine Insel **Rottun** mit ihrer Vogelschutzkolonie. Seit Jahren wandert sie nach Osten und wird wohl irgendwann in der Emsmündung untergehen, weil ihre Befestigung zu teuer ist.

Im Süden und Südosten sieht man Dünen und Dellen – die dunkelgrünen, bewaldeten Dünentäler –, weiterhin das Naturschutzgebiet **Greune Stee**, fast sieben Kilometer im Südosten eine Häusergruppe an der Reede und, wenn die Sicht sehr klar ist, sogar das 20 Kilometer entfernte Festland am Horizont.

Im Südosten liegt der alte Teil der Stadt, an dessen Ostrand der Turm. Dahinter breiten sich Wiesen und Wälder aus. Man erkennt den Deich, der die Außenweiden entlangführt, und einen Durchbruch, der die Insel in Ostland und Westland teilt. Hier, im **Tüskendör**, liegen der Flugplatz und dahinter noch einige Bauernhöfe, bevor eine endlose Dünenlandschaft in einer Sandplatte ausläuft, die direkt auf das neu entstehende Inselchen **Lütjehörn** zeigt.

Nach diesem Überblick haben Sie eine Vorstellung davon, was 120 Kilometer Wanderwege bedeuten, und dass der Urlaub zu deren Bewältigung, zumal zu Fuß, zu kurz sein wird.

Hotels/andere Unterkünfte

Haus Borkum ■ a 2

Kleineres rot-weißes Inselhaus mit Restaurant »Austernfischer«.
Hindenburgstr. 8; Tel. 0 49 22/9 18 40, Fax 91 84 13; 12 Zimmer ★★ AmEx DINERS EURO VISA

Nordsee-Hotel ■ a 2

Wie ein großes Schiff aus bester Bäderzeit liegt es vor dem Strand, aber nur der Eingang liegt in der Seitenstraße. Das komfortable Haus verfügt über einen eigenen Kurbetrieb mit Friesentherme (Meeressol-Bewegungsbecken, Massagestation, römisches Dampfbad, finnische Sauna usw.). Vom Frühstücksbuffet bis zur Diätküche ist alles da.
Bubertstr. 9; Tel. 0 49 22/30 80, Fax 30 81 13; 89 Zimmer; www.nordseehotelborkum.de ★★★★ AmEx DINERS EURO VISA

Ostfriesenhof ■ a 2

Außen strahlendweiß und innen freundlich-friesisch, große Seeterrasse.
Jann-Berghaus-Str. 23; Tel. 0 49 22/70 70, Fax 31 33; 38 Zimmer ★★★ AmEx DINERS EURO VISA

Seehotel Upstalsboom ■ a 2

Ein Haus aus Kaisers Zeiten, aber nur von außen. Das ehemalige »Prinzessin Eitel Friedrich« hat sich in der Hand der Hotelkette, die ähnliche Häuser auf Nachbarinseln und an der Nordseeküste betreibt, einer gewaltigen Verjüngungskur unterzogen. Helles Holz, freundliche Farben, Radio, Fernsehen und Minibar machen den Aufenthalt angenehm. Neben internationalen Gerichten stehen im Restaurant auch ostfriesische Spezialitäten auf der Speisekarte, und die bekommt man auch auf Borkum eher selten.
Viktoriastr. 2; Tel. 0 49 22/91 50, Fax 71 73; 39 Zimmer ★★★ AmEx DINERS EURO VISA

Sehenswertes

Alter Leuchtturm ■ a 2
1576 von der Emder Bürgerschaft als Seezeichen gebaut, wurde der Turm vor einigen Jahren renoviert und ist seitdem zugänglich.
Kirchstr.; Mo, Mi, Sa 10.30–11.30, im Sommer auch Fr 11–16 Uhr; Gruppen- und Sonderführungen nach tel. Anmeldung; Tel. 0 49 22/29 61 und 28 24

Feuerschiff Borkumriff ■ b 3
Als letztes Feuerschiff am 15. Juli 1988 außer Dienst gestellt, liegt es im Borkumer Schutzhafen. Von 1888 an wiesen Feuerschiffe Seeleuten aus aller Welt den Weg in die Deutsche Bucht. Auf der Borkumriff wurde am 19. Mai 1900 die erste Küstenfunkstelle der Welt in Betrieb genommen. Seit 1989 betreibt ein Förderverein die Borkumriff als Nationalparkschiff. Es ist weiterhin fahrbereit und dient als Informationszentrum für den Nationalpark und als Küstenfunk- und Schiffsmuseum.
Führungen nach Vereinbarung; Tel. 0 49 22/20 30

Neuer Leuchtturm ■ a 2
Der 64 m hohe Turm wurde 1879 in nur sieben Monaten Bauzeit errichtet.
Strandstr.; April–Okt. tgl. 10.30–11.30 und 15–16.30 Uhr

Nordsee-Aquarium ■ a 2/a 3
Die sehenswerte Unterwasserwelt vor Borkums Gestaden ist hier zu bestaunen.
Promenade am Südstrand (Sonnenterrasse); März–Okt. tgl. 10–12 und 14–18 Uhr, So und Mo Nachmittag geschl.

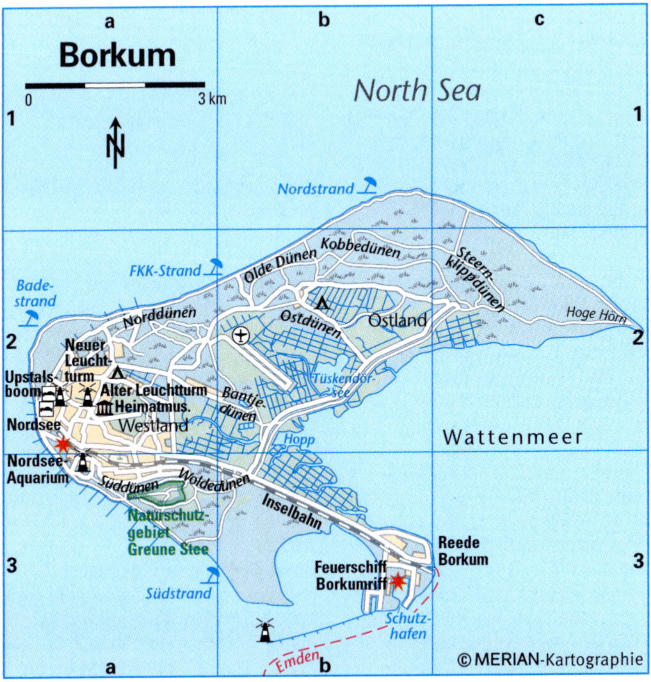

Museen

Heimatmuseum Dykhus ■ a 2
Die alte Werkzeugkiste eines Schiffszimmermannes, Ausrüstung der Walfänger und in der neuen Walhalle im Gulfhauscharakter das 15 m lange Skelett eines 35 t schweren Pottwals.
Roelof-Gerritz-Meyer-Str.; Tel. 0 49 22/48 60 und 49 05; im Sommer tgl. 10–12 und Di–Sa 16–18 Uhr, Mo geschl.; im Winter Di und Fr 16–18 Uhr

Essen und Trinken

Fischerkate M ■ a 2
Wer auf der »falschen« Seite der Insel wohnt, nimmt es gern in Kauf, sich hierher hungrig zu laufen. Die hauseigene Räucherei lockt.
Hindenburgstr. 99; Tel. 0 49 22/38 44 ★ und ★★

Fischerstübchen ■ a 2
Fischimbiss mit Salaten, Fischbrötchen, Fischsuppe, Räucherwaren, alles auch zum Mitnehmen.
Bismarckstr. 36, Tel. 0 49 22/34 58 ★

Gorch-Fock ■ a 2
Gut bürgerlich, Fisch-, Fleisch- und Nudelgerichte.
Strandstr. 41; Tel. 0 49 22/32 29 ★★

Yachthafen-Restaurant M ■ b 3
Wer als Gast Insulaner treffen will, sollte sich hierher begeben, zum Schnacken, Kaffeetrinken, aber auch zum Essen.
Tel. 0 49 22/43 98; tgl. 10–22 Uhr ★★

Am Abend

Heimliche Liebe ■ a 3
An der Promenade im Inselsüden, dort wo der Leuchtturm blinkt, trifft man sich auf Borkum. Nachmittags zum Kaffee oder Tee, dann zum gutbürgerlichen Essen, das Meer im Blick, und später zum Tanz.
Süderstr. 91, Tel. 0 49 22/9 29 50

Kajüte ■ a 2
Wenn die jungen Borkumerinnen in den Semesterferien wieder auf die Insel kommen, sehen sie hier nach, wer in diesem Jahr so da ist – die Disco.
Bismarckstr. 6; Tel. 0 49 22/15 05; tgl. 20–3 Uhr

Spielbank ■ a 2
Im Borkum-Bahnhof wird von Mai bis Sept. Roulette und anderes gespielt, im Winter warten nur Glücksspiel-Automaten auf die Gäste.
April–Okt. 11–0.30 Uhr, Nov.–März 14–22 Uhr

Strandschlucht ■ a 2
Es geht in den Keller, dort tanzt man zu »deutschen Tanzliedern und Oldies«.
Gorch-Fock-Str. 8; Tel. 45 40, tgl. ab 19 Uhr

Service

Auskunft
Tourist-Information ■ a 2
Am Georg-Schütte-Platz 5; Tel. 0 49 22/93 30, Fax 93 31 04

Kurverwaltung ■ a 2
Goethestr. 1; 26757 Borkum; Tel. 0 49 22/3 03 30, Fax 48 00; www.borkum.de

Angeln
Von den Buhnen, im Hafen und auf Angelfahrten kann man Aal, Dorsch, Knurrhahn, Scholle und Makrele angeln – wenn man Glück hat. Krabbenfischerei ist im Watt möglich. Das Fischen in den Küstengewässern der Insel ist frei. Gastkarte für Vereinsgewässer.
Tel. 0 49 22/18 87

Baden ■ a 2/a 3
Nordbad, Südbad, Jugendbad und FKK; vier bewachte Strandbäder sind entlang der Kurpromenade eingerichtet. Das Baden ist nur auf den gekennzeichneten Abschnitten gestat-

Oben: Im Sand buddeln und dabei die warme Sonne auf dem Rücken spüren – das reicht zum Glücklichsein.

Mitte: Ausgedehnte Strandspaziergänge sind die Lieblingsbeschäftigung vieler Borkum-Urlauber – und vielleicht gibt's ja abends ein Konzert im Pavillon an der Promenade?

Unten: Neben »strahlenden« Hotel- und Geschäftsbauten nimmt sich das Licht des – immerhin bereits 1879 erbauten – Neuen Leuchtturms fast dezent aus.

tet. Der etwa 1200 x 100 m große FKK-Strand mit sanitären Anlagen, Kinderspielplatz, Kiosk und separatem Hundestrand liegt im Nordsen der Insel. Das Gelände ist etwa 5 km vom Ort entfernt.

Meerwasser-Wellen-Hallenbad ■ a 2
Erlebnisbad, 27° Wassertemperatur, Wellenhöhe bis zu einem Meter, Café mit Freiterrasse.
Tel. 0 49 22/30 32 98; Eintritt (nur mit Kurkarte) 5 €, Kinder ab 4 Jahren 2 €, Familienkarte (2 Erw., 1 Kind) 9 €

Schwimmunterricht
Für Kinder ab fünf Jahren, im Meerwasser-Wellen-Hallenbad.
Tel. 93 33 38

Busverbindungen
Mehrmals tgl. vom Busbahnhof zum Hafen, Flugplatz, FKK-Strand und Ostland. Von Ende Sept. bis Ende Mai wird die Ostlandlinie nur an Samstagen, Sonn- und Feiertagen bedient.

Camping
Camping-Aggen ■ b 2
Ostland 1; Tel. 0 49 22/22 15

Insel-Camping ■ a 2
Hindenburgstr. 114; Tel. 0 49 22/10 88

Flugverkehr
OFD Emden
Tel. 0 49 21/8 99 20, Fax 89 92 22
OFD Borkum ■ b 2
Tel. 0 49 22/6 86 und 10 38
Der Flugplatz verfügt über eine 1000 m lange Start- und Landebahn der Klasse 2 mit Nachtbefeuerung.
Flugleitung Tel. 0 49 22/38 48

Garagen
Großgaragen und Abstellplätze in Emden-Außenhafen, ca. 300 m vom Anleger entfernt.
Tel. 0 49 21/89 07 41

Gymnastik ■ a 2/a 3
Von Juni bis Sept. Strandgymnastik für Erwachsene und Kinder unter Anleitung; am Nord- und Südbad und am FKK-Strand.

Inselbahn ■ a 2/b 3
Verkehrt zwischen Anleger Borkum-Reede und Ortsmitte in der Saison mit nostalgischer Dampflok.

Jugendherberge ■ b 3
Reedestr. 231; Tel. 0 49 22/99 00 70, Fax 99 00 98

Reiten
Reitstall der Kurverwaltung
Tel. 91 01 44
Reit- und Fahrclub Upholm
Tel. 71 50

Schiffsverkehr
Reederei AG Ems
Emden-Außenhafen; Tel. 01 80/5 02 43 67, Fax 0 49 21/89 07 42

Segeln ■ b 3
Juni, Juli und August finden Segelregatten mit Hafenfest statt. Yachthafen.
Auskünfte zu allem, was Segeln betrifft:
Tel. 0 49 22/22 99

Strandsauna ■ a 2
Von Mai bis Sept. am FKK-Strand.
Tel. 0 49 22/17 29; tgl. 11–17, Fr, Sa bis 21 Uhr

Tennis ■ a 2
Turnieranlage mit 8 Plätzen, davon 4 Aschen-, 2 Allwetter- und 2 Hallenplätze. Platzvermietung, Einzelunterricht, Tennisschule ganzjährig.
Bismarckstr.; Tel. 0 49 22/5 29

Wattwanderungen
Das Betreten des Wattenmeers ist nur unter Führung der amtlich zugelassenen Wattführer gestattet. Termine werden ständig bekanntgegeben.

Dat Töwerland – das Zauberland – wurde sie schon um die Jahrhundertwende genannt, und sie zählt für einige zu den sieben schönsten Inseln der Welt.

Juist

AB 1, S. 112

1400 Einwohner

Wer hat gesagt, Juist sei »der lange Lulatsch« unter den Ostfriesischen Inseln? Sicher, die Insel ist 17 Kilometer lang und sehr schmal, stellenweise sogar nur 500 Meter breit, aber sie ist die feinste, eleganteste, exklusivste. Neben ihren Nobelhotels hat die Exquisite aber auch Ferienhäuser zu für Ostfriesland normalen Preisen anzubieten. Im Restaurantführer Gault Millau zählt die »Gute Stube« des Hotels Achterdiek zu den hundert besten der Republik. Küchenchef Heinz-Peter Koßmann gibt auch Kurse für Gäste des Hauses.

An alte Juister Zeiten erinnern vier kleine Insulanerhäuser in der Nähe des Janusplatzes und des Alten Warmbades. Im liebevoll restaurierten »Haus Siebje« zeigt der Heimatverein regelmäßig Ausstellungen von Kunsthandwerkern und Malern.

Sonst hört man auf Juist keinen Motor. Pferde bestimmen das Ortsbild, und selbst der Müll wird mit Pferdewagen abgeholt. Fuhrunternehmen kommen mit dem »Zwei-PS-Hafermotor«. Strandausritte gehören wie Kutschfahrten, auch mit historischen Fuhrwerken, praktisch zum Inselalltag.

Mit dem **Hammer See** besitzt Juist den einzigen Süßwassersee der Ostfriesischen Inseln. Die Jugendbildungsstätte Juist lehrt nach einem einmaligen pädagogischen Konzept das **Motorfliegen**.

Fast die ganze Insel zählt zum Nationalpark Wattenmeer, in dem die Inselorte **Loog** und **Dorf** mit ihren kleinen flachen Häusern fast verschwinden. Keine Hochhäuser, keine Autos, nichts, was Lärm macht, sogar die Wellenmaschine des Hallenbades arbeitet geräuschlos. Außerhalb des Ortes verschlucken Sand und Dünen die Geräusche; am Strand allerdings darf gelärmt werden, auch das Meer lässt sich das Rauschen nicht verbieten.

Nur wenige Tagesgäste kommen auf die Insel, mehr als ein bis zwei Verbindungen am Tag gibt es mit der tideabhängigen Fähre nicht. Wer hinfährt, bleibt länger, im geschäftigeren **Dorf** oder im ruhig-romantischen **Loog**. Den Transport übernehmen Pferdewagen, aber eigentlich ist Juist die ideale Wanderinsel. Nirgends kann man so offensichtlich zwischen Himmel, Erde und Meer stehen wie an den Inselenden, die von der Mitte aus gesehen oft in Dunst gehüllt daliegen. Eine der schönsten Wanderungen führt von den **Kalfamer Muschelfeldern** im Osten über die Wilhelmshöhe zu den Goldfischteichen.

Nach mehr als 150 Jahren Erfahrung als **Nordseeheilbad** (und mit mittlerweile 7400 Ferienbetten) wissen die 1400 Insulaner, was fit macht für den Rest des Jahres, und auch, was Prominente wollen: Das historische Kurhaus, zum »Weißen Schloss am Meer« mit mehr als 100 feinen Ferienwohnungen renoviert (Tel. 0 49 35/91 60, Fax 91 62 22), lockt inzwischen nicht nur Stars aus Sport und Politik.

Hotels/andere Unterkünfte

Hotel Achterdiek M M
Es gehört zu den besten des Landes, bietet Langschläferfrühstück im Wintergarten-Restaurant an, hat Hallenbad mit Jetstream, Dampfbad, Sauna und Sonnenstudio für Luxusferien.
Wilhelmstr. 36; Tel. 0 49 35/80 40, Fax 17 54; 1. Nov.–23. Dez. geschl.; 41 Zimmer; www.nordsee-hotel.de/achterdiek
★★★★ AmEx DINERS EURO VISA

Hotel Friesenhof
Im Ortskern am Kurplatz liegt ein angenehmes Haus mit normalem Komfort. Auf der windgeschützten Liegewiese und in der rustikalen Bierstube lässt es sich gut vom Ferienmarsch ausruhen. Aufmerksamer Service, Saunalandschaft.
Strandstr. 21; Tel. 0 49 35/80 60, Fax 18 12; 76 Zimmer ★★★★ AmEx DINERS EURO VISA

Sehenswertes

Naturschutzgebiet Bill mit Hammer See
Der einzige Süßwassersee auf den Inseln, der jedoch langsam zu verlanden droht, ist nach einem Durchbruch während der Petriflut 1651 entstanden. Die Inselbewohner legten die Hammer Dünen an, so dass der Durchbruch bis 1880 zu einer großen Bucht geworden war. Da aber immer die Gefahr bestand, dass die Fluten die Hammer Dünen durchbrechen würden, wurde die Bucht 1930 mit dem Hammer Deich geschlossen. Im Becken zwischen Dünen und Deich sammelten sich Regen- und Grundwasser zum See. Auf einer 21 m hohen Düne – mit einmaliger Aussicht – steht die »Doornkaatbuddel«, der runde Wasserturm.

Geführte Wanderungen werden um den Hammer See ebenso wie zur Domäne Bill, zum Billriff und zum Inselosten angeboten.

Museen

Küstenmuseum
Geschichte des Küstenraumes, Informationen über Gezeiten und Schifffahrt, Fischerei, Seenotrettung und, einmalig, Erdöl- und Gasbohrungen in der Nordsee.
Loogster Pad; Mai–Sept. Mo–Fr 9–12 und 14.30–18 Uhr, Sa 9–12 Uhr

Essen und Trinken

Café Pirola
Die Eiskarte macht dies Café für Feriengäste jeden Alters so verlockend, besonders wenn man draußen sitzen kann.
Strandstr. 1; Tel. 0 49 35/9 21 90; Di–So ab 10 Uhr

Hafenrestaurant
Man könnte es bei der Ankunft glatt übersehen, weil es im ersten Haus am Hafen liegt, im Reedereigebäude. Freunde von Fischgerichten sollten nicht versäumen, hierher zurückzukehren.
Am Hafen; Tel. 0 49 35/13 63; tgl. 11–14 und ab 17 Uhr, Do geschl. ★★★

In't Veerhus
Es liegt so diskret 100 m abseits des geraden Wegs, der vom Hafen in den Ort führt, dass es sich gut als Treffpunkt für Insulaner und neugierige Gäste eignet. Die Speisekarte (und die Preise) deutet darauf hin, dass es sich um mehr als eine Kneipe handelt, auch wenn dies Einheimische mit Understatement behaupten.
Warmbadstr. 4; Tel. 0 49 35/10 57; tgl. 11–14 und ab 17 Uhr ★★★

Kuppellounge M
Im historischen Kurhaus, bei Kaffee und Kuchen am Nachmittag und weitem Blick über Juist und das Meer, fühlt man sich in alte Zeiten versetzt.
Strandpromenade 1; Tel. 0 49 35/91 60

Oben: Biotraining, Entspannungsmassage, Fünf-Sterne-Kochkurse – Juist, die Noble, hat weit mehr zu bieten als weißen Sand und bunte Strandkörbe.

Mitte: Geradezu traumhaft schön ist die Dünenlandschaft auf Juist.

Unten: Auch im Heimatmuseum von Juist gibt es eine »Gute Stube« – allerdings nur zu Schauzwecken.

MERIAN-Tipp

Vogelflug und -zug Das Inselchen Memmert, vor Juist gelegen, wird im Herbst zur Tankstelle, an der sich Zugvögel vor der Weiterreise in den Süden aufpäppeln. Eigentlich war Memmert nur eine Sandbank, und erst die Anpflanzung von Strandhafer hat es zum beliebten Vogeldomizil gemacht, wo Möwen, Brandgänse, Eiderenten und Austernfischer ungestört brüten. Nur wenn der Herbstbesuch kommt, dürfen Hobbyornithologen im August und September mit dem Vogelwart zur Beobachtung. Das Fernglas sollte man dennoch nicht vergessen. Für Führungen bei Kiesendahl melden, Strandstr. 2, Juist, Tel. 91 40 80

■ B 1, S. 112

Wintergarten
Eine Gourmet-Adresse, deren Ruhm bis weit ins Festland gelangt ist. Von April bis Oktober werden hier kulinarische Köstlichkeiten der Spitzenklasse gezaubert, so z. B. Deichlammrücken in Lavendelkruste mit Apfelgratin. Zusätzliches Nichtraucher- Restaurant.
Im Hotel Achterdiek; Wilhelmstr. 36; Tel. 0 49 35/80 40; nur abends geöffnet, Mo geschl. ★★★★

Am Abend

In der Saison werden Kammerkonzerte, Jazz und Unterhaltungsmusik angeboten, außerdem Vorträge, Lesungen und Theateraufführungen.

Giftbude
Man geht zu »Zappe« zur Beachparty, Schaumparty, Schlagerparty. Strandpromenade; tgl. ab 23 Uhr, Winter geschl.

Jugenddisco
Im Haus des Kurgastes; Fr 19–22 Uhr

Kino
Friesenstr. 24; in der Saison tgl. 3–5 Vorstellungen

Service

Angeln
In den Küstengewässsern erlaubt, Badestrand und Seen der Insel ausgenommen.

Auskunft
Kurverwaltung
Während der Saison wird hier kostenlos der Veranstaltungskalender »Strandlooper« abgegeben.
Friesenstr. 18; 26560 Juist; Tel. 0 49 35/ 80 90, Fax 80 92 23; www.juist.de

Ausstellungen
Im »Haus des Kurgastes«, in der Kurverwaltung (Altes Warmbad), im Nationalpark-Haus und im Haus Siebje.

Baden
Am bewachten Badestrand zu festgesetzten Zeiten oder im Meerwasser-Hallen-Brandungsbad.

Camping
Auf Juist nicht möglich

Fahrradverleih
Bei allen Händlern auf Juist

Flugplatz
Luftaufsicht; Tel. 0 49 35/3 99

Gymnastik
Mai–Sept. tgl. am Strand

Haus des Gastes (Loog)
Fernsehraum, Spielraum, Tischtennis, Veranstaltungssaal, Leihbücherei.

Haus des Kurgastes (Dorf)
Fernsehräume, Groß-Schachanlage, Tagungsräume, Tischtennis, Trinkkurhalle, Internet-Café Mo–Fr 14–17 Uhr.

Jugendherberge
Loogster Pad 20; Tel. 0 49 35/9 29 10

Kinderprogramm
Für Kinder gibt es in der Hauptsaison ein Spielprogramm am Strand, bei schlechtem Wetter im Haus des Kurgastes und im Haus des Gastes im Loog.

Kinderspielplätze
Im Ostdorf und im Loog

Kurkonzerte
Vom 1. Juni bis Ende Sept. auf dem Kurplatz und im Haus des Kurgastes, jedes Jahr mit Musik eines ausgewählten Komponisten.

Leihbüchereien
Dünenstraße 9 und im Haus des Gastes; von hier aus werden auch Naturführungen veranstaltet.
Tel. 0 49 35/2 57

Meerwasser-Erlebnisbad
Strandpromenade, am Kurmittelhaus;
Tel. 0 49 35/80 92 22

Nationalparkhaus
Informationen zum Wattenmeer.
Carl-Stegmann-Str. 5; Tel. 0 49 35/15 95

Naturführungen
Tel. 0 49 35/15 95

Rundflüge
Tel. 0 49 35/91 40 80 und 2 13

Sauna
Im Kurmittelhaus (Meerwasser-Tauchbecken)

Sport
Von Angeln bis Volleyball.
Sportabzeichen unter Tel. 0 49 35/80 90;
www.juist.de

Wattwanderungen
Tel. 0 49 35/9 11 40 oder 01 71/5 22 58 50

Das Sportangebot ist vielfältig – Radfahren und Reiten sind nur zwei Beispiele.

Ungefähr 1000 Stunden in der Saison lacht die Sonne über Langeoog, behaupten die Einheimischen. Also ist die Fitnessinsel auch eine richtige Sommerinsel?

Langeoog

■ F 1, S. 113; A 5, S. 114
2100 Einwohner
Karte → Klappe hinten

Die Ostfriesischen Inseln sind klimabegünstigt. Ein steter frischer Wind vertreibt die Wolken und sorgt dafür, dass hier (und auf den anderen Inseln auch) oft sogar dann die Sonne scheint, wenn es auf dem Festland bewölkt ist. Der Golfstrom macht die Badetemperaturen angenehmer, als viele denken, und so darf Langeoog sich zu Recht als Fitnessinsel bezeichnen. Die meisten Bewohner nehmen an Wettkämpfen teil, und es wird eine Statistik der sportlichen Aktivitäten und ihrer Teilnehmer geführt. Dass 60 Prozent der Langeoog-Urlauber Stammgäste sind, hängt sicher auch damit zusammen, dass sich die Kurverwaltung mit Strandspielen, Kindergymnastik, Singen, Laternenumzügen und Kasperltheater besonders um die Kinder kümmert. Eltern schätzen diese Entlastung. Es gibt nur wenige alte Friesenhäuser oder Fischerhütten auf der Insel. Die meisten der 7500 Ferienbetten stehen in Privathäusern und Pensionen.

Die 19,7 Quadratkilometer Insel wollen erwandert, erradelt oder erklommen (jawohl!) werden. Der einst höchste ostfriesische Gipfel, 6 die **Melkhörn-Düne**, misst inzwischen nur noch 19,8 Meter. Auf einer anderthalb Kilometer langen Strandpromenade kann man bis zu der zur offenen See hin gelegenen Dünenkette laufen. Diese höchstgelegene Strandpromenade aller Ostfriesischen Inseln erlaubt einen weiten Blick auf das Meer hinaus bis zu den vorgelagerten Sandbänken und -riffen. Selbst wenn sie mit Wasser bedeckt sind, kann man sie an der Brandung dort, an den »Laufkatzen« erkennen. Weil zwischen den Sandbänken eine starke Strömung herrscht, ist das Hinausschwimmen verboten. Bei Niedrigwasser, besonders bei Sonnenschein, kann man ganz weit draußen, wo die Robbenplatte der Seehunde liegt, auch einen gelben Pfahl mit weißem Dach erkennen. Das ist der Festpunkt für Luftaufnahmen, die festhalten, wie die Sandbänke wandern.

Die Höhenpromenade endet an **Gerk-sin-Spoor**, links liegt der Dünenfriedhof. 324 Baltendeutsche, die während des letzten Kriegsjahres aus Altersheimen der baltischen Staaten nach Langeoog verlegt worden waren, sind hier beigesetzt. Auch **Lale Andersen** wurde 1972 hier begraben. Einige Häuser weiter steht noch das Reetdachhaus, in dem sie seit 1956 gewohnt hatte, der »Sonnenhof«, heute Café. Wer im Sommer am Ende der Heerenhusstraße halblinks den schmalen Klinkerpfad zur Dünenkuppe hinaufsteigt, sieht rechts unten eine Reihe bunter Holzkästen, die Vogelnistkästen ähneln, aber keine sind. Eine Bienenköniginnen-Belegstelle dient der Zucht hochwertiger Bienenvölker.

Es gibt auf Langeoog unendlich viele Wanderwege und vor der Nordsee liegt ja auch noch der 14 Kilometer lange »Sandkasten«.

Hotels/andere Unterkünfte

Apartmenthotel Aquantis b 5
Kein reetgedecktes Inselhaus, sondern eine Ferienanlage, 200 m vom Strand am Fuß der Dünen gelegen, mit angenehmen Extras wie Hallenbad, Sauna, Solarium, Fahrradverleih und Brötchenservice.
Warmbadweg 2; Tel. 0 49 72/69 90, Fax 69 98 00; 27 Zimmer, Suiten; www.aquantis.de ★★★ AmEx DINERS EURO VISA

Hotel Flörke b 5
Geräumige Zimmer mit kleinen Finessen wie Föhn und Radiowecker, Hausbar, Lesezimmer, Kinderspielzimmer, Tischtennisraum, Sauna. Mitten im Ort und nur wenige Minuten vom Strand entfernt.
Hauptstr. 17–19; Tel. 0 49 72/9 22 00, Fax 16 90; 46 Zimmer; www.hotel-floerke.de ★★★ AmEx DINERS EURO VISA

Sehenswertes

Melkhörn-Düne c 5
Die einst höchste Erhebung Ostfrieslands ist auf Treppen von Westen oder Norden zu besteigen. Genießen
6 Sie den wunderbaren Rundblick, und denken Sie beim Rückweg zum Strand daran, dass Stranddisteln unter Naturschutz stehen und nicht gepflückt werden dürfen.

Seenotbeobachtungsstation b 5
In einem bequemen Spaziergang (etwa 1,5 km) vom Rathaus über Barkhausenstraße, Kurzentrum und Hospizplatz, Am Teich und Heerenhusstraße zu erreichen. Die Station auf der Düne ist eine Seenot-Abhörstelle. Von hier aus kann der im Langeooger Hafen liegende Rettungskreuzer eingesetzt werden. Für die Schifffahrt ist die Station auch Landmarke. Bei stürmischem Wetter ist die Station besetzt.
Besichtigung tgl.; Tel. 0 49 72/63 44 und 2 09

Wasserturm b 5
Das Wahrzeichen der Insel kann nach der Renovierung wieder besichtigt werden. Da es 1908/1909 auf den 8 m hohen **Kaap-Dünen** erbaut worden ist, lohnt sich aus 23 m Höhe ein Blick übers Meer. Bis 1939 versorgte der Wasserturm die Insel mit Trinkwasser.
Mo–Fr 10–12 Uhr

Museum

Schifffahrtsmuseum b 5
Ein Stück Geschichte im Haus der Insel mit Nordsee-Aquarium.
März–Okt. Mo–Sa 10–12 und bis Do auch 15–17 Uhr

Essen und Trinken

Ostfriesische Teestube am Hafen M b 6
Wenn es voll ist (meistens), dreht man eben mit dem Rad noch eine Runde, ehe man zurückkehrt. Neulinge bekommen eine Gebrauchsanweisung zum Ostfriesentee.
Hafenstr. 27; Tel. 0 49 72/61 56; Juni–Aug. tgl. 12–21 Uhr, Sept., Okt., Dez., März–Mai Do geschl.

! MERIAN-Tipp

Als Sportinsel ist Langeoog vor allem beliebt. Das Sportteam der Kurverwaltung erwartet Gäste jeden Alters jeden Morgen am Sportpalast am Strand mit einem Fitnessprogramm. Das Jahresprogramm kann man einer Broschüre »Sportlich fit und gesund« entnehmen. Geräte werden ausgeliehen, und ist mal nicht so gutes Wetter, kann man sich ins neue Sporthus an der Höhenpromenade zurückziehen.

Gute Aussichten garantiert: Der Wasserturm, das Wahrzeichen der Insel, thront auf der 17 Meter hohen Kaap-Düne, einem der ostfriesischen »Bergriesen«...

Seekrug ■ b 5
Die exklusive Lage an der Höhenpromenade bietet sicher den schönsten Platz zum Essen. Besondere Stärke der Küche sind Fischgerichte.
Höhenpromenade 1; Tel 0 49 72/3 83; März–Mitte Nov. und Weihnachtsferien Di–So 10–23 Uhr ★★★ AmEx DINERS EURO VISA

Sonnenhof ■ b 5
Man sitzt geschützt im Gärtchen oder drinnen bei Tee oder Wein ...
Gerk-sin-Spoor 6; Tel. 0 49 72/713; tgl. 11–23 Uhr

Am Abend

Düne 13 ■ b 5
Die Musikkneipe, in der man sich trifft, wenn der Tag schon etwas fortgeschrittener ist und man Abwechslung vom Meeresrauschen braucht. Für kleinen Hunger und großen Durst wird gesorgt.
Höhenpromenade 1; Tel. 0 49 72/15 31; Di–So ab 17 Uhr

Kino
Windlicht ■ b 5
Hospizplatz 7; Tel. 0 49 72/9 22 50

Service

Auskunft
Kurverwaltung ■ b 5
Hauptstr. 28, 26465 Langeoog; Tel. 0 49 72/69 32 01, Fax 69 32 05; www.langeoog.de

Jugendherberge ■ c 5
Domäne Melkhörn; vorherige Anmeldung erforderlich. Nebenan ist ein Zeltplatz; Tel. 0 49 72/2 76, Fax 66 94

Kutschtaxe
Tel. 0 49 72/62 85, 60 92

Meerwasser-Freizeit- und Erlebnisbad ■ b 5
Sportbahnen, Kinderplantschbecken und Sauna.
Badewelt Mo, Mi, Fr 14–21, Di, Do, Sa, So 10–18 Uhr; Sauna Mo–Fr 16–21, Sa, So 10–18 Uhr

Reiten ■ b 5
Reithalle E. Kuper
Süderdünenring 1; Tel. 0 49 72/62 69

Spöölstuv/Spöölhus ■ b 5
Spiel- und Begegnungsstätte für Kinder und Eltern.
Kavalierpad 3/10; April–Okt. tgl. 8–20 Uhr, sonst 10–18 Uhr

Tennis ■ b 5
Anlage mit sechs Bitulac-Plätzen und einer Tennishalle mit zwei Plätzen. Im Sommer Gästeturniere.
Tenniscenter am Kavalierpad; Tel. 10 77

Ältestes Nordseebad und niedersächsisches Staatsbad – noble Fakten, die Norderney aber nicht ersparen, seine »Autobahn« durch die Nordsee immer wieder neu zu erkämpfen.

Norderney

C 1, S. 112; D 1, S. 113
6500 Einwohner
Karte → Klappe hinten

Die Fahrrinne droht alle Jahre zu versanden, so dass die Bundeswasserstraße – als solche gilt das so genannte Busetieffahrwasser – immer wieder mit hohen Kosten freigebaggert werden muss, damit Norderney weiterhin tideunabhängig bis zu zwölfmal am Tag erreicht werden kann. Der Bund hat sich zu fester finanzieller Beteiligung verpflichten lassen, und so kann Norderney seine Energie uneingeschränkt auf den Wettbewerb um die modernste und mondänste Kur- und Ferienlandschaft konzentrieren. Wer schließlich hat eine so schöne Badelandschaft, so viele Kulturveranstaltungen, eine solche Fülle von Kongressen und Sportwettkämpfen? Wo sonst hat sich eine Werbegemeinschaft gegründet, die großzügige Kinderfeste veranstaltet, damit die Kinder der Kurgäste die Kunden von morgen sein werden?

Der Verdacht drängt sich auf, Norderney wolle sich nicht nur tide-, sondern auch nordseeunabhängig behaupten.

Bedeutende Namen aus Wirtschaft und Politik in den Gästelisten gehören eindeutig der Vergangenheit an. Der blinde König Georg V. von Hannover brachte 1815 den ersten Aufschwung und den ersten Bauboom. Das große **Logierhaus** (heute Staatliches Kurhotel), Promenaden und Wäldchen stammen aus dieser Zeit. Die Fürst-von-Bülow-Ära ab 1900 setzte diese Glanzzeit fort, machte Norderney zum Treffpunkt bedeutender Staatsmänner. 1946 wurde Norderney **Niedersächsisches Staatsbad**. Die Bausünden der 50er und 60er Jahre sind unübersehbar, mischen sich aber mit der aufpolierten Gründerzeitarchitektur und den Entwürfen sensiblerer Architekten zu einem freundlichen Stadtbild.

Selbst wenn die anderen Inseln im Winterschlaf versunken sind, ist auf Norderney immer noch – eingeschränkter – Betrieb. Sogar die Landesbühne Niedersachsen Nord spielt im Winter im Kurtheater, und der Kneippverein Duisburg lädt im Oktober zum Wandern ein. 80 Kilometer Wanderwege, an denen ausgeschilderte Routen empfohlen werden, stehen dann nicht mehr in sommerlich hartem Konkurrenzkampf mit der unglaublichen Fülle von Veranstaltungen. Jetzt ist wieder Zeit für einen Spaziergang im Argonner Wäldchen zwischen Kuranlagen und Westbad, zur Waldkirche in der Nähe der Napoleonschanze, zum Wasserturm am Kap, des Rundblicks wegen. Man kann den grünen Markierungspunkten (als Reiter den roten) bis zur Ostspitze der Insel folgen, wo der Trubel der Stadt unendlich weit weg ist und sich das Inselgefühl in der wunderschönen Dünenlandschaft wieder einstellt. Windverwirbelungen haben zwischen den Osthellerdünen tiefe Täler geschaffen, die zum Teil bis zum Grundwasser reichen.

Hotels/andere Unterkünfte

Haus Margarete am Meer M ■ a 2
Das freundliche Hotel garni liegt direkt an der Seepromenade, mit der Liegewiese mitten in der Sprühzone des Meeres. Freundlich eingerichtete Zimmer und ein Frühstücksbuffet, das mit der Umweltplakette ausgezeichnet wurde. Die Zimmer sind in der Vor- und Nachsaison günstiger.
Kaiserstr. 2; Tel. 0 49 32/9 28 00, Fax 8 14 43; 17 Zimmer; www.haus-margarete-am-meer.de ★★★ AmEx DINERS EURO

Hotel-Pension Hartwig ■ a 2
Ein kleineres Haus, Familienbetrieb für Menschen, die es auch auf einer turbulenten Insel etwas ruhiger mögen. Alle Zimmer sind mit Dusche und WC ausgestattet. Und zum Meer ist es nicht weit.
Damenpfad 21; Tel. 0 49 32/24 86, Fax 10 99; 15 Zimmer ★★

Inselhotel Vier Jahreszeiten ■ a 2
Hier wurde einfach an alles gedacht, was den Gast erfreuen könnte. Nicht einmal das römische Dampfbad fehlt – vielleicht stellt sich mancher genauso ein Staatsbad-Hotel vor. Komfortable Zimmer mit gehobener Ausstattung, mitten im Zentrum.
Herrenpfad 25; Tel. 0 49 32/89 40, Fax 14 60; 101 Zimmer ★★★ AmEx DINERS EURO VISA

Sehenswertes

Friesische Sonne ■ a 2
Die 4,5 m hohe Skulptur des dänischen Künstlers Anders Nyborg im Georgsgarten, 1994 aufgestellt, soll zum Inselwahrzeichen werden. Die Sonne durchwandert vier hintereinander gesetzte oxydierte Metallscheiben, die je nach Sonnenstand durch das Salz in der Luft verschiedenfarbig glitzern.

Kaiser-Wilhelm-Denkmal ■ a 2
Pyramide aus rohen Steinblöcken auf dem Weg von der Knyphausenstraße nach Westen. Auf jedem Stein steht der Name einer (ehemals) deutschen Stadt oder Provinz.

Trinkbrunnen ■ a 2
Seit 1990 hat Norderney den ersten öffentlichen Trinkwasserbrunnen. Es handelt sich um einen originalgetreuen Abguss des so genannten Stuttgarter Brunnens, 2,10 m hoch. Das Wasser des Graugussbrunnens wird aus der Süßwasserlinse der Insel gezapft.
Der Brunnen liegt in der Fußgängerzone am Osteingang der Strandstraße.

Waldkirche ■ a 2
In der Nähe der Napoleonschanze bilden Bäume die Säulen und Pfeiler und Blätter das Dach einer Kirche, von Wällen begrenzt und mit einer Holzbalkenkanzel versehen, die der Pastor mit einem Leiterchen erklimmt. Die Kirche gibt es seit 1912, und bei gutem Wetter werden hier von Pfingsten bis zum Erntedankfest Gottesdienste abgehalten, die in der Ferienzeit auch immer sehr gut besucht sind.

Windmühle ■ a 2
Die einzige Windmühle auf den Inseln hat seit 1990 wieder ein Reetdach. 1951 war das alte Reetdach der 1862 gebauten Mühle einem Feuer zum Opfer gefallen. Die Erbauer mussten noch, um Korn zu mahlen, ein »Windgeld« bezahlen. Heute bezahlen die Gäste im exklusiven Restaurant, das die Mühle gastronomisch nutzt.
Marienstr. 24

Oben: *Auf Norderney steht die einzige Windmühle der Ostfriesischen Inseln.*

Mitte: *Stundenlang im weichen Sand faulenzen oder Wassersport ohne Ende – auf Norderney kann jeder nach seiner Façon glücklich werden.*

Unten: *Hinter der klassischen Hotelfassade der Nordseeklinik verbergen sich luxuriöse Räumlichkeiten und ein perfekter Service.*

Museen

Fischerhaus-Museum ■ a 2
Im Argonner Wäldchen ist die Sammlung zur Kultur der Inselfriesen, zur Geschichte der Fischerei und zur Entwicklung des Kur- und Badebetriebes (so z. B. die Gästelisten von vor 100 Jahren) zu besichtigen.
Weststrandstr. 1; Tel. 0 49 32/17 91;
April–Sept. tgl. 15–17 Uhr, So 10–12 Uhr

Essen und Trinken

Alte Teestube ■ a 2
Genau genommen ein Café am Meer.
Viktoriastr. 12; Tel. 0 49 32/31 28;
tgl. ab 10 Uhr

Das kleine Restaurant ■ a 2
Viel Fisch und Blick aufs Meer.
Kaiserstr. 24; Tel. 0 49 32/89 80;
tgl. 17–13 Uhr ★★★

de Leckerbeck ■ a 2
Von der ostfriesischen bis zur vegetarischen Küche, Kinder speisen mit Käptn Blaubär.
Schmiedestr. 6; Tel. 0 49 32/84 09 84;
ab 9 Uhr, Mo geschl.

Restaurant Lenz M M ■ a 2
Erstklassiges Restaurant, dessen guter Ruf bis auf das Festland reicht und in dem man die frischen Nordseekrabben im Blätterteigfisch probieren sollte.
Benekestr. 3; Tel. 0 49 32/22 03; tgl. 12–14 und 17.30–23 Uhr, Mo und Di mittags geschl. (im Sommer kein Ruhetag), Mitte Jan.–Mitte Feb. geschl. ★★★

Zunftstuben ■ a 2
Bürgerliches Speiselokal mit normaler Speisekarte und ebensolchen Preisen. Angenehm für Leute, die keine Extravaganzen suchen.
Jann-Berghaus-Str.; Tel. 0 49 32/20 73;
tgl. 11–14 und 17–24 Uhr, Do geschl. ★★

Zur Mühle M ■ a 2
Manche geplante Wanderung findet hier schon beim Ostfriesentee ihr Ende und geht beim gemütlichen Plausch ins Abendessen über. Nachmittags fast immer voll. Reservieren.
Marienstr. 24; Tel. 0 49 32/20 06;
tgl. 11.30–22 Uhr, Mi geschl. ★★

Am Abend

Inselkeller ■ a 2
Disko im »Haus des Gastes«. So voll, dass keiner umfällt, und so laut, dass Gespräche sich erübrigen.
Tgl. ab 21 Uhr

Spielbank Norderney ■ a 2
Und wer es sich zu Hause nicht traut – im Urlaub das Glück herausfordern möchte fast jeder.
Im Kurhaus; Tel. 0 49 32/9 11 00

Service

Auskunft
Kurverwaltung ■ a 2
Postfach 1355; 26535 Norderney;
Tel. 0 49 32/89 10, Fax 89 11 12
Verkehrsbüro
Bülowallee 5; Tel. 0 49 32/9 18 50,
Fax 8 24 94; www.norderney-urlaub.de

Baden ■ a 2/a 3
Meerwasserwellenfreibad mit Sauna und Solarium
Am Weststrand; Tel. 0 49 32/89 11 58
Die Welle Badelandschaft ■ a 2
Am Kurplatz; Tel. 0 49 32/89 11 41

Strandbäder am Weststrand, Nordstrand, Oststrand »Weiße Düne« und FKK-Strandsauna. Badezeiten werden durch Aushang bekannt gegeben. Zum Ostbadestrand, Leuchtturm und FKK-Strand fahren Omnibusse ab Busbahnhof Jann-Berghaus-Straße. Zum Nordbadestrand verkehrt von der Milchbar an der Kaiserstraße bis zum Strandcafé Cornelius die Elektrobahn »Nixe«.

Botanische Exkursionen ■ c 2
Ende Mai bis Ende Sept. jeden Do ab 15.15 Uhr ab Restaurant Weiße Düne; Tel. 0 49 32/22 85

Camping
Campingplatz Booken ■ a 2
Zehn Minuten Fußweg zur Stadtmitte.
Waldweg 2; Tel. 0 49 32/4 48, Fax 4 78
Campingplatz Domäne Eiland ■ d 2
1 km hinter dem Leuchtturm; Tel. 0 49 32/21 84
Campingplatz »Um Ost« ■ c 2
Auf der Südseite. Tel. 0 49 32/6 18, Fax 8 41 55

Flugplatz Norderney ■ c 2
Sommerzeit 8–19 Uhr, Winterzeit 9–16 Uhr, kein Nachtflug zwischen 22 und 8 Uhr.; Tel. 0 49 32/24 55

Flugschulung
Luftsportgruppe Norderney ■ c 2
Tel. 0 49 32/24 55

Gepäckbeförderung
Spedition Johann Fischer
Tel. 0 49 32/6 01, Fax 8 24 60

Golf ■ c 2
9-Löcher-Dünen-Golfplatz
Tel. 0 49 32/92 71 56

Internet-Café ■ a 2
Sommer im Kurhaus, Winter im Haus der Insel

Jugendherberge ■ b 2/c 2
Am Dünensender 3; Tel. 0 49 32/25 74, Fax 8 32 66

Kino ■ a 2
Im Kurtheater; Tel. 0 49 32/87 41 60

Kleine Robbe ■ a 3
Kinderspielhaus im Freibadgebäude.
Tel. 0 49 32/89 11 49; Mo–Fr 10–13, 14–17 Uhr

Leuchtturm ■ c 2
Mai–Mitte Okt. 14–16 Uhr; Tel. 0 49 32/38 19

Nationalparkhaus ■ a 2/a 3
Informationen zum Wattenmeer
Am Hafen; Tel. 0 49 32/20 01

Reiten
Reitschule Jungkmann ■ b 2
Strandritte, Lehrgänge, Außenboxen und Weidegang für Pensionspferde.
Tel. 0 49 32/9 24 10, Fax 92 41 92
Pony-Ranch Cap Horn
Ponyreiten, Kutschfahrten
Strandmitte; Tel. 0 49 32/14 43, Fax 14 40

Segeln ■ a 2
Segelschule Norderney
Am Yachthafen; Tel. 0 49 32/7 66 und 0 49 21/5 66 23

Sportveranstaltungen
Zwischen Ostern und Herbst Norderneyer Golfwoche und offene Golfwettspiele, Bäder-Tennis-Turnier, Segelregatta vor Norderney, Windsurfing-Regatta auf der offenen Nordsee und Jagdreiterwoche.

Taxi
Tel. 0 49 32/33 33

Tennis ■ a 2
Tenniscenter Georgshöhe
2-Feld-Tennishalle und Außenplätze
Kaiserstr. 24; Tel. 0 49 32/89 84 05, ab 14–16, 18–20 Uhr
Tennisschulen VDT, U.S.P.T.R.
Tennisurlaub, Happy-Tenniskurse, Mannschaftstraining, Kinder- und Jugendprogramme, Tennisshop, Besaitungsservice, Schlägerverleih.
Sporthalle an der Mühle; tgl. 7–13 Uhr; Tel. 0 49 32/89 84 05 (ab 14 Uhr)

Watt- und Inselführungen ■ b 2/c 2
Nationalparkhaus, Am Hafen 1; Tel. 0 49 32/20 01

Voller Überraschungen für Neulinge und voller Vertrautheit für Kinder (auch große), die hier schon viele Ferien verbracht haben – das ist Spiekeroog, die Liebenswerte.

Spiekeroog

■ AB 5, S. 114

700 Einwohner

Die Fähre voller Kinder. Da hopst eins ungeduldig und zeigt mit dem Finger: »Da isses, da isses!« Das Wrack, das bei Niedrigwasser zu sehen ist, ist das der 1883 vor Spiekeroog gestrandeten »Verona«.

Eines der größten Schiffsunglücke hier war der Untergang des Auswandererschiffes »Johanna« 1854. Von Bremerhaven war das Schiff mit 216 Menschen an Bord in der Nacht vom 1. auf den 2. November nach Nordamerika aufgebrochen und schon in der Deutschen Bucht in einen Orkan geraten. Es kam vom Kurs ab und trieb westlich von Helgoland auf die Inseln zu, in die Brandungszone, wo haushohe Brecher über das Deck gegangen sein sollen. Und dann stieß es auf Grund.

Hilflos standen die Insulaner am Strand und blickten hinaus, Seenotrettungsdienste gab es zu der Zeit noch nicht. 77 Tote wurden gezählt, im ganzen Land wurde darüber berichtet und zum ersten Mal auch die Frage gestellt, ob die Insulaner, hier wie anderswo, sich denn nur habgierig für das Strandgut (»Strandsegen« genannt) interessierten, nie aber für die Not leidenden Menschen. Die Forderung nach Rettungsstationen wurde laut, aber es dauerte noch bis 1861, bis die **Deutsche Gesellschaft zur Rettung Schiffbrüchiger** gegründet wurde, die heute in vielen Nordseehäfen über leistungsfähige Rettungskreuzer und -boote verfügt und immer noch in erster Linie über Spenden finanziert wird. Ein Kreuz, von einer Ankerkette umschlungen, steht heute auf dem Friedhof der Heimatlosen (Drinkeldoden-Karkhoff) und hält die Erinnerung an das Unglück der »Johanna« wach.

Sensationen solcher Art gibt es heute auf Spiekeroog nicht mehr. Die größte Überraschung bleibt jedes Jahr wieder, dass sich kaum etwas verändert hat. »Verschlafen« nennen das die einen, aber die Inselbewohner selbst sehen das ganz anders. Autos, Flugzeuge, Hochhäuser haben sie nie gebraucht.

Etwas hat sich in den letzten Jahren doch geändert: Die Pferdebahn, die es schon 1885 gab, fährt wieder vom ehemaligen Inselbahnhof (Di–So, 14, 15, 16 Uhr) zum Weststrand und eine halbe Stunde später zurück, eine schöne Strecke durch den Nationalpark.

Also zuerst zum Slurpad Richtung **Aussichtsdüne**, durch die dörflichen Straßen mit den flachen Häusern: alles wie immer. Auch das **Wäldchen** existiert noch, eine ganz inselfremde Erscheinung und künstlich angelegt. Die Bäume sind nicht sehr hoch, wohl genauso hoch wie die Dünen, zehn, zwanzig Meter, darüber hat der kräftige Wind die Kronen gebeugt.

Zu den Besonderheiten der Insel zählt die **Hermann-Lietz-Schule** am Hellerpfad. Alfred Andreesen, Nachfolger des bedeutenden Reformpädagogen, gründete sie 1928 mit dem Ziel, Jugendlichen abseits der Angebote und Verlockungen der

Städte in einer überschaubaren Schulgemeinde eine ganzheitliche Erziehung und einen qualifizierten Schulabschluss zu ermöglichen.

Wer zu Fuß durch den Ort bummelt – es wird gebeten, keine Fahrräder mitzubringen, die sind den 700 Einwohnern vorbehalten, und bei 54 000 Kurgästen im Jahr kann es schon mal eng werden auf den Wegen der nur 17,4 Quadratkilometer großen Insel –, tut sich schwer mit der Entscheidung, wo er sich zum Kaffee oder Tee niederlassen soll. Die flachen Häuser mit den Glasveranden strahlen schon die Behaglichkeit aus, die fast überall auch innen anzutreffen ist.

Als Kleinod gilt das alte **Inselhaus** mit wunderschönem Bauerngarten.

Hotels/andere Unterkünfte

Haus Orion
Kleine Pension im Dorfkern mit großem, schönem Garten.
Bi d'Utkiek 16; Tel. 0 49 76/2 13, Fax 91 20 64; 4 Zimmer ★★

Haus Seelust
Die typische Glasveranda, die überall das Bild des Dorfes prägt, fällt auch hier zuerst auf. Ostfriesisch familiär und ein Frühstück, das auch an einem anstrengenden Ferientag erst einmal eine Weile vorhält. Abends lockt ein Kaminzimmer von 1763.
Süderloog 21; Tel. 0 49 76/2 25, Fax 6 97; Ende Okt.–1. März geschl.; 10 Zimmer ★★

Hotel Inselfriede
Ein weißes Haus, das zwischen den roten Backsteinhäusern gleich ins Auge fällt. Atmosphärisch schönes Urlaubsdomizil mit gutem Restaurant und Badelandschaft.
Süderloog 12; Tel. 0 49 76/9 19 20, Fax 91 92 66; Jan.–Mitte März geschl.; 26 Zimmer ★★★

Sehenswertes

Alte Inselkirche
Der kleine Vorbau diente vermutlich früher als Bootsschuppen und auch als Behelfsleichenhalle. In der 1696 erbauten Kirche selbst sind eine Renaissancekanzel, wunderschöne Apostelbilder und eine Pietà zu sehen, von der es heißt, sie sei von einem Flaggschiff der spanischen Armada, das 1588 vor der Insel strandete, geborgen worden. Aber das ist umstritten, weil Heimatforscher herausfanden, dass sie dafür eigentlich zu spät erwähnt worden ist.

Museen

Inselmuseum
Im Haus Hero am Norderpad, gleich neben der Teestube gelegen. Hier sind Sammlungen zur Geschichte der Insel ausgestellt, zur Tier- und Pflanzenwelt, zur Entwicklung von Schifffahrt, Fischfang und Badeleben (1840 kamen die ersten Badegäste) und zum Seenotrettungswesen.
Norderloog 1; tgl. 11–13 und 15–17 Uhr

Kurioses Muschelmuseum
Eine Ausstellung zum Staunen und Schmunzeln: über 2000 Exponate, von einem Gramm bis zu 30 Kilogramm schwer, sowie die merkwürdigsten Schöpfungen aus der Flora und Fauna des Meeres.
Strandhalle am Badestrand; April–Okt. Mo–Sa 10–12, 13.30–16.30 Uhr

Essen und Trinken

Altes Inselhaus MM
Draußen im Garten, wo man weder den Blick aufs Meer noch auf die Dünen vermisst, oder in drei winzigen Räumen, wo sich große Menschen beim Durchschreiten der Türen schon bücken müssen, treffen sich Stammgäste und Einheimische zum Ostfriesentee oder zum Kaffee und

Kuchen. Gegen kleinen und großen Hunger gibt es auch etwas auf der Speisekarte.
Süderloog 4; Tel. 0 49 76/4 73; tgl. 15–17 und 19–23 Uhr ★★

Der Bahnhof
Café, Bistro und Pizzeria, Gerichte zum Mitnehmen.
Alter Inselbahnhof, Tel. 14 15, tgl. 18–23 Uhr ★

Siwalu M
Im »Hotel zur Linde« sind die weiten hellen Räume zu finden, in denen eine leichte, abwechslungsreiche Küche angeboten wird, auch vegetarische und Vollwertgerichte. Fischspezialitäten und eine gut sortierte Weinkarte runden das Angebot ab.
Norderloog 5; Tel. 0 49 76/9 19 40, Fax 91 94 30; tgl. geöffnet (Hotel, keine Mittagszeiten usw.) ★★

Spiekerooger Teestube
Abgerissen, aber 1994 im alten Stil wieder aufgebaut, dazu um den Restaurantbetrieb erweitert, ist die alte Spiekerooger Teestube nach wie vor ein beliebter Treffpunkt. Das Angebot reicht vom Grünkohl bis zum Steak, und dass es Fisch gibt, ist eigentlich selbstverständlich.
Noorderpad 1; Tel. 0 49 76/2 04; ab 11 Uhr, Mo geschl.

Westend
Fastfood auf dem Weg zum Campingplatz.
Di–So, 14.17 Uhr; Mi, Fr, Sa ab 21 Uhr »Laramie«, Musik und Tanz.

Service

Auskunft
Kurverwaltung
Norderpad 25; 26474 Spiekeroog; Tel. 0 49 76/91 93, Fax 91 93 47; www.spiekeroog.de

Camping
Der Platz im Südwesten der Insel darf nur mit Genehmigung benutzt werden. Rechtzeitige Anmeldung ist erforderlich. Wenn der Platz voll belegt ist, wird ein entsprechendes Hinweisschild am Fahrkartenschalter in Neuharlingersiel ausgehängt.
Tel. 0 49 76/2 88 und 91 93 67

Jugendherberge
Voranmeldung erforderlich.
Bi d'Utkiek; Tel. 0 49 76/3 29

Meerwasserhallenbad
Kurmittelhaus; Tel. 0 49 76/91 93 62

Reiten
Reithalle Petschat
Für Anfänger und Fortgeschrittene.
Achter d'Dieck; Tel. 0 49 76/14 01

Segeln
Segelschule
Kurse, Halbtagstörns, Seemeilenbestätigung möglich.
Westend 10; Tel. 0 49 76/6 80, Fax 99 00 01

Tennis
Die Tennisplätze im Kurzentrum (drei Allwetterplätze) sind täglich benutzbar. Zum Spiekerooger Bäderturnier ist rechtzeitige Anmeldung erforderlich. Von April bis Okt. Unterricht, außerdem Trainung für Leistungs-, Turnierspieler und Mannschaften.
Tel. 0 49 76/4 10 und 14 74

Oben: Die Grabsteine auf dem alten Spiekerooger Friedhof erzählen Geschichten aus fernen Tagen.

Mitte: Krabbenkutter gehören zum Inselalltag auf Spiekeroog.

Unten: Im »neuen« alten Inselhaus kann man sich nach einem Herbstspaziergang die klammen Finger an der Teetasse wärmen.

Eigentlich braucht man nur einen Spaten, um gelegentlich im Sand zu buddeln, und einen Strandkorb, dann kann man es auf Wangerooge schon aushalten.

Wangerooge

■ C 5, S. 114, D 5, S. 115

1200 Einwohner

Auf keiner Nordseeinsel ist man den großen Schifffahrtswegen so nah, und fast unablässig paradieren die großen Pötte und die kleineren weißen Passagierschiffe auf dem Weg nach Wilhelmshaven, Bremerhaven und Hamburg vor dem Faulenzer am Strand. An diesem Strand weht nicht, wie auf den anderen Inseln, die schwarz-rot-blaue Flagge Ostfrieslands, sondern die dunkelblaue der **Oldenburger** mit einem dunkelroten Kreuz. Wangerooge legt Wert darauf, zwar die östlichste der Ostfriesischen Inseln, aber nicht Ostfriesland zu sein. Spätestens, wenn man im »Pudding« einen ostfriesischen Tee bestellt und das Tee-Ei im Wasser baumeln sieht, wird der Unterschied klar.

Die Insel war allerdings nicht immer oldenburgisch, wie die Insulaner gern erzählen. 1804, als das Strandleben mit einem Zelt und einer Badekutsche bescheiden begann, gehörte Wangerooge nämlich noch zu Russland (seit 1793), ab 1807 zu Holland, drei Jahre später schon für acht Jahre zu Frankreich und erst seit 1818 zu Oldenburg.

Das Badeleben war den Insulanern anfangs nicht geheuer, und in holländischen Zeiten bevorzugten sie eindeutig den lukrativeren **Schmuggel** als Erwerbsquelle. Aber die Großherzöge von Oldenburg förderten die Insel nach ihrem Vermögen, und 1819 gab es bereits ein Logierhaus mit elf Zimmern und ein Konversationshaus für die gemeinsame Tafel und für Veranstaltungen. Heute ist die Ausstattung üppiger, aber keineswegs extravagant. Wangerooge ist ein Kinder- und Familienbad mit nützlichen Einrichtungen, ein Kurort wie alle Ostfriesischen Inseln, ohne hohe Ambitionen allerdings.

Das Auto ist auf der Insel selbstverständlich tabu, Segler, Surfer und Strandwanderer prägen das Bild.

In nur 300 Jahren verlagerte Wangerooge sich um die eigene Länge nach Osten und ist auf diesem Weg auch ein ganzes Stück schmaler geworden. Einen Vorteil hat das allerdings gebracht, den hellen feinen Sand. Wangerooge ist eine Insel der Türme: am markantesten war einst der stabile **Westturm**, der 1600 erbaut, 1914 gesprengt und 1932 als Jugendherberge an anderer Stelle wieder errichtet wurde.

Der **alte Leuchtturm** von 1856 wies bis 1968 den Seeleuten den Weg. Ihn löste dann der neue Leuchtturm mit modernster Technik ab. Der alte Leuchtturm im Ortskern bietet dem, der die 161 Stufen nicht scheut, bei klarem Wetter einen unübertrefflichen Weitblick.

Schwimmen, Laufen, Radeln, Reiten, Fallschirmspringen – all das kann man auf Wangerooge ausdauernd betreiben. Wer dann Hunger hat, muss allerdings ein bisschen auf die Zeit achten, die Essenszeiten sind meist sehr knapp bemessen.

Oben: Eine beliebte Adresse ist das Café Pudding mit Restaurant.

Mitte: Frische, salzige Seeluft in der Nase, dazu das Geschrei der Möwen – für viele gibt es keinen schöneren Start in den Urlaub als eine Fährpassage zu ihrer ganz persönlichen Insel der Träume ...

Unten: Auch auf Wangerooge gibt es eine kleine Inselbahn, die gemächlich ihre Runden dreht und Einheimische wie Feriengäste umweltfreundlich von einem Ort zum anderen bringt.

Hotels/andere Unterkünfte

Hotel Hanken
Familiäres Haus, gutes Restaurant, Friesenstube, Lift und nah am Strand.
Zedeliusstr. 38; Tel. 0 44 69/87 70, Fax 8 77 88; 40 Zimmer ★★★ AmEx DINERS EURO VISA

Strandhotel Upstalsboom
1890 galt das Grundstück als das beste der Insel, und als ein Hotelier aus Jever es für 50 Pfennige pro Quadratmeter erwarb, hielten die Wangerooger das für ausgemachten Wucher. 1891 wurde hier das Hotel Gerken als erstes Strandhotel der Insel eröffnet. Es ist längst in der Hand einer Hotelkette, die es angenehm neu gestaltet und mit viel Komfort eingerichtet hat. Das Haus besitzt sogar eine eigene Kurabteilung, Schwimmbad, Sauna und Solarium.
Strandpromenade 21; Tel. 0 44 69/87 60, Fax 87 65 11; 79 Zimmer ★★★
AmEx DINERS EURO VISA

Sehenswertes

Alter Leuchtturm
Erbaut zwischen 1855 und 1859, war der 39 m hohe Turm das erste Bauwerk in den damaligen Ostdünen. Die Öffnungszeiten sind jeweils dem Aushang zu entnehmen.
Zedeliusstr.; Tel. 0 44 69/83 24

Vogelschutzgebiete
West-Außengroden und Ost-Außengroden heißen die beiden Gebiete, die vom Mellumrat, der sich schon 1925 zu diesem Zweck zusammenschloß, betreut werden. Der Besuch der Vogelschutzgebiete ist nur unter Führung eines Vogelwartes möglich.
Vogelwarte West
Tel. 0 44 69/81 79
Vogelwarte Ost
Tel. 0 44 69/81 74

Essen und Trinken

Café Pudding
Rund wie ein Pudding, groß, mit wunderbarem Ausblick weit aufs Meer: ein Gebäude, das 1855 als Dünenbake begann, im Zweiten Weltkrieg, als Wangerooge Vorposten für den Kriegshafen Wilhelmshaven war, ein Bunker wurde, ab 1948 Kiosk und schließlich Café mit Terrasse. Die allerdings musste dem Ausbau des Restaurants weichen. Der alte Bunker ist heute Büfett.
Zedeliusstr.; Sept.–Juni. tgl. 11–22 Uhr, Di geschl.

Fisch-Kruse
Fisch, dafür immer frisch und schnell.
Elisabeth-Anna-Str. 17; tgl. 11.15–14.30 und 17.15–20.30 Uhr ★★

W'ooge
Fisch, Fleisch, Vegetarisches. Internet-Café und große Terrasse.
Zedeliusstr. 35; Tel. 0 44 69/9 48 30; tgl. ab 10.30 Uhr ★★

Am Abend

Café Treibsand
Beliebter Treffpunkt: Man sitzt und trinkt und hört Musik.
Zedeliusstr. 32

Kino
Im Hotel Hanken; Eingang Peterstr.; tgl. 4 Vorstellungen und Kinderprogramm; Tel. 0 44 69/87 70

Die Kogge
Ein offensichtlich beliebter Abendtreff, wo man unter alten Schiffsmodellen sein Bierchen trinken kann, ohne auf die Uhr zu sehen.
Friedrich-August-Str.; tgl. ab 20 Uhr

Service

Auskunft
Verkehrsverein
Postfach 1220; 26476 Wangerooge;
Tel. 0 44 69/9 48 80, Fax 94 88 99;
www.wangerooge.de

Baden
Bewachte Badefelder gibt es am Bade- und Burgenstrand in der Ortsmitte und im Westen der Insel. Das Meerwasser-Hallen-Freizeitbad hat Kinderplantschbecken, Gegenstromanlage, Geysire, Rückdusche, Massagedüsen usw. und ist über einen Außenschwimmkanal mit dem neuen Freiluftbad »Oase« verbunden.
Tel. 0 44 69/9 91 46

Flugverkehr
Ganzjährige Verbindung nach Bremen, Wilhelmshaven und Harle.
Auskunft und Buchungen:
Tel. 0 44 64/9 48 10

Jugendherberge
Westturm; Tel. 0 44 69/4 39

Nationalparkhaus
Informationen zum Wattenmeer.
Am Rosengarten; Tel. 0 44 69/83 97

Reiten
Reitstall Eden
Richthofenstr. 20; Tel. 0 44 69/2 66

Surfen
Wind Specials Fun Center
Surfen, Kitesurfen, Katamaransegeln.
Untere Strandpromenade;
Tel. 0 44 69/94 22 22

Tennis
Arturs Restaurant Tennis Café
Tennis-Center mit 3 Freiplätzen, 2 Hallenplätze.
Tel. 0 44 69/94 68 46

Wattwanderungen
Ein- bis mehrmals wöchentlich, je nach Saison.

Wichtigste Sehenswürdigkeit auf Wangerooge: der Alte Leuchtturm.

EXTRA: Ostfriesland mit Kindern

Natürlich sind für alle Kinder in erster Linie die eigentlich überall schönen Strände auf den Inseln reizvoll. Und im Sommer, nicht nur bei schönem Sonnenwetter, sind alle die reinsten Spielplätze, und man braucht nicht viel mehr als Schaufel und Eimer, die Muscheln, die man findet, die Brandung, die von allein kommt, und Eltern, die dann nicht stören. Die notwendigen Kontakte ergeben sich von allein, ebenso die Fantasie für immer neue alte Spiele. Wichtig an Sonnentagen: eine Kopfbedeckung, möglichst T-Shirt und eine Sonnencreme mit hohem Lichtschutzfaktor (ab 15), da die UV-Strahlung am Strand sehr hoch ist.

Paradiesisch finden Ihre Kinder Ostfriesland wahrscheinlich schon am ersten Urlaubstag – und das nicht nur am Strand oder auf dem Bauernhof

An der Küste und auf den Inseln ist es gleichermaßen spannend, auf den geführten **Wattwanderungen** den Grund des Meeresbodens zu erkunden, zu sehen, wie selbst dort Flüsse sich ihre Betten bahnen und dass es unter dem matschigen Boden noch eine Menge gibt, was dort krabbelt, sich versteckt und auf die nächste Flut wartet. Küsten- und Inselorte bieten Tagesausflüge zum nächsten Ufer und zur nächsten Insel an, wo es immer wieder Neues zu entdecken gibt. Überall sind längst gut ausgestattete **Spielplätze** und **Spielhäuser** entstanden. Ist es zu kühl, rollen warme Wellen in den Schwimmbädern.

Für viele Jungen und Mädchen sind Sand, Sonne und Wasser Ferienspaß pur – fehlen höchstens noch ein paar Spielgefährten. Aber davon gibt's auch auf Juist genug.

Auf kleine Gäste sind die meisten Ferienorte heute eingestellt, das heißt, Kinderteller mit witzigen Namen und kleinen Portionen muss man kaum noch suchen.

Heimatmuseen an vielen Orten ähneln oft großen Puppenstuben aus einer anderen Zeit. Und überall liegen Schiffe von gestern, auf denen man neugierige Fragen stellen darf.

Erlebnisse, die es zu Hause nicht gibt, bieten die Bauernhöfe im Binnenland. Aber auch die kleinen Ferienorte an den Binnenseen geben sich alle Mühe, die Feriengäste beizeiten mit sportlichen und spielerischen Angeboten zu verwöhnen.

Die Kindereinrichtungen sind bei den jeweiligen Orten erwähnt, es sind zu viele, als dass sie hier im Zusammenhang aufgezählt werden könnten. Daher hier nur eine kleine Auswahl.

Buddelschiffmuseum ■ B 6, S. 114
In Neuharlingersiel, an der Westseite des kleinen Hafens, hat ausgerechnet ein Binnenländer aus Bochum eine Sammlung maritimer Kostbarkeiten zusammengetragen, die bestimmt nicht nur Kindern Spaß machen. Das fängt mit dem prähistorischen Einbaum an und geht bis zum U-Boot unserer Zeit.
Am Hafen West 7; Tel. 0 49 74/2 24;
27. Dez.–Mitte Jan., Mitte Feb.–Nov.
Mi–Mo 10–13 und 14–18 Uhr

Kinderferienparadies Ernst-August-Polder ■ C 3, S. 112
Hier kann man seine Kinder von 6 bis 15 Jahren in den Ferien getrost bei Pferden, Mal- und Bastelstunden lassen – und sich darauf verlassen, dass kein Erwachsener ihnen fehlt, mag er noch so lange allein sein wollen.
Anke Dirks und Ralf Döringshoff; Ernst-August-Polder; 26506 Norden-Neuwesteel; Tel. 0 49 31/1 25 75

MachMitMuseum
Jährlich wechselnde Ausstellungen, und das Thema wird »be-griffen«, wächst und verändert sich.
Burgstr. 25, Aurich, Tel. 0 49 41/1 83 11

Malschule Emden ■ b 1, S. 57
Während der Sommerferien können Eltern und Kinder die Kunsthalle mit angeschlossener Malschule erleben und sich inspirieren lassen: Ostfriesland wird mit Pinsel, Stift und Zeichenbrett festgehalten. Daneben gibt es Freizeitangebote wie Touren per Fahrrad und Boot, Orgelkonzerte, Burgbesichtigungen und anderes, das Spaß macht (→ S. 35). 7
Hinter dem Rahmen 5 a;
Tel. und Fax 0 49 21/97 50 50

Zoo Rechtsupweg ■ E 3, S. 113
Im Brookmerland warten Lamas, Vierhornschafe, Emus, Affen und Zwergziegen auf Bewunderer.
Tgl. 9–18 Uhr; Tel. 0 49 34/13 45

Ein Urlaub in Ostfriesland ist ganz ohne Sport gar nicht denkbar. Manche kommen überhaupt nur hierher, weil es sich kaum irgendwo so unendlich lange und ungestört Fahrrad fahren lässt, weil man stundenlang am Deich entlangwandern kann, weil das ganze Land sich per Boot erkunden lässt. Oder weil es hier Sportarten gibt, die man in keiner anderen Gegend kennt, auch wenn ausgewanderte Friesen und Oldenburger versuchen, sie sogar in Berlin und anderswo heimisch zu machen: das Klootschießen und Boßeln. Wichtig ist, dass man beides nicht miteinander verwechselt.

Führend in Sachen Sport sind die Inseln. Doch auch die ostfriesische Halbinsel ist ein wahres Dorado für passionierte Wanderer und Radfahrer.

Das Klootschießen ist eine reine Winterveranstaltung. Der Spaß war Ernst, als Kloote noch Waffen waren – vor ca. 2000 Jahren. Aus feuchter Erde wurden Kluten geformt, am Feuer gehärtet und zur Abwehr geworfen. Die späteren Spielkugeln bestanden zunächst aus gebranntem Lehm, ihre Weiterentwicklung aus Apfelbaumholz, kreuzweise durchbohrt und mit Blei ausgegossen.

Zum Klootschießen braucht man zwei Mannschaften, die darin wetteifern, den 475 Gramm schweren Kloot möglichst weit zu werfen. Ein unparteiischer Bahnweiser geht vor und zeigt mit einer Fahne an, wo fester Boden ist, damit der Kloot nicht in den Sand fällt, in dem er ja nicht weiterrollen würde.

Ein Genuss auch fürs Auge ist das Drachenfest auf Norderney.

Ein ganz ähnliches, aber mehr dem Sommer vorbehaltenes Kugelspiel ist das Boßeln. Der Schnaps zwischendurch soll die Spieler lockern. Das Klootschießen endet zur Verblüffung der Urlauber mit einem Teeabend. Das Winterboßeln mit Touristen meist mit Grünkohlessen und noch mehr Schnaps.

Es gibt noch mehr »Sportarten«, die man anderswo nicht kennt, die in Ostfriesland aber nicht von Einheimischen betrieben werden. Sie werden hauptsächlich Urlaubern als Gruppenbeschäftigung angeboten, und erfolgreiches Bestehen wird mit diversen Zertifikaten vom Torfstechen mit Diplom bis zum Krömerei-Diplom, zur Pulstock-Olympiade und zum »Ostfriesenabitur« belohnt. Der Urlauber muss dabei seine Fertigkeiten im Besenwerfen, beim Melken einer Holzkuh, Krabbenpuhlen, Grabenüberspringen und Bohntjesopptrinken unter Beweis stellen.

Angeln

Ostfriesland ist ein ideales Angelrevier. Für das Angeln in Festlandgewässern wird der Besitz eines Sportfischereischeins vorausgesetzt. Bei Gemeindeverwaltungen und Fremdenverkehrsvereinen und beim Bezirksfischereiverband für Ostfriesland gibt es Gasterlaubnisscheine.

Keinen Sportfischereischein braucht man für das Angeln in Küstengewässern, also vor den Deichen und auf den Inseln; bei den Gemeinde- oder Kurverwaltungen der Küstenorte und Inseln erfährt man, ob man eine Gästekarte braucht.

Bezirksfischereiverband für Ostfriesland e. V.
Verbindungsschleuse; Tel. 0 49 21/2 55 75

Drachensteigen

Wo immer Wind weht, kann man herrlich Drachen steigen lassen, und natürlich gibt es in Ostfriesland sogar eine Drachenmanufaktur. Wer lange genug mit seinem Windflüchter trainiert hat, kann sich auch beim Greetsieler Drachenfest im Spätherbst sehen lassen.

Fliegen

In Aurich findet während der Sommerferien in Niedersachsen Segel- und Motorseglerschulung statt. Auskunft bei Bakenhus, Tel. 0 49 41/28 46.

Auf Juist können Jugendliche nach einem bundesweit einmaligen pädagogischen Konzept lernen, mit einem Motorsegler umzugehen. Aus der Vogelperspektive sollen die Schüler einen Blick für die ökologischen Belange von Küsten- und Wattenraum bekommen. Auskunft bei Jugendbildungsstätte Theodor Wuppermann, Tel. 0 49 35/2 13.

Golf

Golf heißt in Ostfriesland und auch auf den Inseln eigentlich Minigolf. Auf Norderney allerdings gibt es einen 9-Loch-Dünen-Golfplatz (Tel. 0 49 32/6 80).

In Wiesmoor liegt auf einer Fläche von 65 ha Ostfrieslands erster 18-Loch-Golfplatz. Das »Golfangebot« erhalten Sie bei:

Hotel Friesengeist ■ A 13, S. 118
Am Rathaus 1; 26639 Wiesmoor;
Tel. 0 49 44/10 44, Fax 0 49 44/53 69

Reiten

Zahlreiche Reit- und Fahrvereine mit eigenen Turnieren gibt es in Ostfriesland. Und wer reiten möchte, auch dort, wo keine Reitschule besteht, kann sich an den örtlichen Reitverein wenden. Ferien auf dem Bauernhof ermöglichen in vielen Fällen ebenfalls die nähere Bekanntschaft mit Pferden, selbst dann, wenn keine ausgesprochenen Reiterferien angeboten werden. Auf den größeren der Inseln gibt es Reitställe, die Anfänger und Fortgeschrittene gern sehen, gelegentlich auch Boxen vermieten.

Aurich ■ EF 4, S. 113
Reitverein Aurich
Grüner Weg 67; Tel. 0 49 41/21 77
Reitverein Birkenhof
Am Reitplatz 8; Tel. 0 49 41/6 24 30

Bunde ■ C 11, S. 116
Reithalle Bunderhee
Steinhausstr.; Tel. 0 49 53/13 37

Esens ■ A 6, S. 114
Reithalle Norder Straße
Tel. 0 49 74/6 00

Reiterhof Gründeich
Tel. 0 44 62/44 98

Reiten gehört zu den beliebtesten sportlichen Aktivitäten auf den Ostfriesischen Inseln.

Krummhörn ■ B 4, S. 112
Pferdesportverein Krummhörn e.V.
Tel. 0 49 26/14 04

Leer ■ DE 10, S. 117
Lindena
Suckowsweg 2; Tel. 04 91/6 19 66

Neuharlingersiel ■ B 6, S. 114
Reitstall Carolinenhof
Reiterpension für Mädchen
Tel. 0 49 74/8 79

Norden/Norddeich ■ C 2, S. 112
Reit- und Fahrverein Norden
Reithalle Bargebur; Tel. 0 49 31/16 76 43

Segeln und Surfen

Auf allen Inseln sowie in den Küstenorten, an den Binnenseen, die die Ostfriesen Meere nennen, kann man segeln und surfen, oft beides, lernen, dann auch das Zubehör ausleihen. Einschränkungen bestimmt die Nationalparkverordnung Niedersächsisches Wattenmeer.

Von Borkum aus kann man zu Hochseetörns starten. Ostfriesland hat aber auch eine Fülle versteckter Wassersportreviere auf den Flüssen und vielen Kanälen.

Wattwandern

Wattwanderungen gehören für Landratten zu den faszinierendsten Unternehmungen am Meer. Wenn Sie Ihre Ferien an der Küste oder auf einer der Ostfriesischen Inseln verbringen, lassen Sie sich also auf keinen Fall eine Wattwanderung entgehen. Sie werden staunen, welche Schätze der Wattführer für Sie aus dem Meeresboden gräbt, und sicher auch darüber, dass sogar unter dem Meer nicht nur plattes Land liegt, sondern eine Landschaft mit Flüssen und Strömen. Sie sind es übrigens auch, die den unkundigen Touristen, die allein im Watt unterwegs sind, die Orientierung erschweren und Wege abschneiden, also in Lebensgefahr bringen können. Gehen Sie deshalb bitte nie ohne kundigen Führer, weil kaum jemand die Gefahren richtig einschätzt.

Strände

Ostfrieslands schönste Strände liegen zweifellos auf den Inseln: Klein, aber fein ist der auf Baltrum, und seine Breite schwankt mit den Gezeiten, schrumpft bei Hochwasser auf knapp hundert Meter Breite – aber was für ein Sand!

Genau genommen ist es vermessen, die Strände miteinander zu vergleichen. Wer die hohen Dünen von Spiekeroog liebt, wird sie nicht gegen den langen flachen Strand von Wangerooge eintauschen wollen, eher Norderney mögen, vielleicht auch Langeoog – Sie müssen schon selbst entscheiden.

Ganz unterschiedliche Landschaften reihen sich im flachen Land aneinander. Aber überall kommt man ans Wasser, das See, Fluss oder Meer sein kann.

Bunt und fröhlich geht es zu beim Hafenfest in Norddeich. Unumstrittener und höchst fotogener Höhepunkt ist die Krabbenkutterparade.

Durchs Rheiderland

Die gemütliche Tour macht Sie mit einer wunderschönen Landschaft bekannt – und kulturhistorische Eindrücke kommen auch nicht zu kurz.

Das Rheiderland zwischen Dollart und Ems, unter dem Meeresspiegel gelegen, ist mittelalterliches Kulturland. Eine Fahrradtour über 32 Kilometer kann man in **Jemgum** beginnen und dort auch ein Rad leihen (Hofstr. 8). Ubbo Emmius, Gelehrter des 16. Jahrhunderts, nannte es das »Auge von ganz Rheiderland«. Zur Gemeinde Jemgun gehören elf Ortschaften, von denen Pogum, Critzum, Ditzum und Jogum selbst historische Siel- und Warftendörfer sind. Der kleine Sielhafenort Ditzum soll schon im ersten Jahrhundert besiedelt gewesen sein. Die Radtour führt durch die lange Straße und am Herzog-Alba-Haus (Nr. 17) vorbei, das an den niederländischen Befreiungskrieg gegen die Spanier 1568 erinnert, an der Kirche St. Johannes Baptist und einer »kopflosen« Mühle vorbei kommt man in die Deichstraße, auf der es bis Hatzum weitergeht. Der Blick durchs Deichtor zeigt einen hübschen Hafen und links die einzige noch arbeitende Ziegelei des Landes.

Wegen der Schafe muss man gelegentlich absteigen und das Rad über Hürden schieben. In **Hatzum** geht es in den Ort hinein. Die reformierte Kirche St. Sebastian in der Straße Achter d'Toren stammt aus dem 13. Jahrhundert. Auf bequemen Wegen geht es nun quer durch das Land bis **Ditzumerverlaat** und dort nach rechts zu einem Fahrradweg. Beim Hinweisschild »Wynhamsterkolk« geht es nach rechts zu einer Wasserschöpfmühle, einem Erdholländer von 1804. Noch ein Stückchen weiter, und man ist 2,50 Meter unter dem Meeresspiegel. Man muss umkehren und kommt dann, rechts, nach Überquerung des Coldeborger Sieltiefs, nach Marienchor. Kurz vor Jemgum, hinter dem Jemgumer Sieltief, verbirgt sich in einer Baumgruppe ein jüdischer Friedhof.

Dauer: 3 Stunden ohne Pause

Die Binnenlandroute

Eine Kulturlandschaft mit 15 historischen Städten und Gemeinden, die sich auf dieser Strecke wie Perlen an einer Kette aneinanderreihen. Sie sollten sich Zeit nehmen, um im wahrsten Sinne des Wortes alles zu »er-fahren«, was das Herz Ostfrieslands ausmacht.

Beginnen wir die Fahrt von der Küste ins **Holtriemerland**, das sich »grüne Perle« vor dem Nordseestrand nennt. Es ist aus allen Küstenbadeorten einfach zu erreichen und Mittelpunkt des Städtedreiecks Aurich, Norden, Esens. Die Zufahrtsrouten aus allen drei Richtungen treffen sich in **Westerholt**, wo Kirche und Freizeitpark sehenswert sind, außerdem beginnt hier ein 40 Kilometer langer **Holtriem-Wanderweg**, der im Uhrzeigersinn die acht Mitgliedsgemeinden des Ortes durchstreift. In **Nenndorf** steht eine 1850 erbaute Galerie-Holländer-Windmühle, in Ochtersum ein origineller Turmholländer. Sehenswert ist die Kirche in **Ochtersum** mit ihrer 1737 erbauten Orgel und dem Kirchturm, der früher als Schule diente.

Der Rundweg führt von **Westerholt** aus vier Kilometer in Richtung Süden oder Aurich und zweigt in **Eversmeer** nach Westen in Richtung Berumerfehn ab. Nach weiteren drei Kilometern führt links ein Wirtschaftsweg zum **Ewigen Meer**. Das Ewige Meer, der größte Hochmoorsee Deutschlands, ist Naturschutzgebiet. Ein Bohlenrundwanderweg erschließt dem Besucher eine (fast) unberührte Welt.

Einen Kilometer westlich des Ewigen Meeres beginnt das Erholungsgebiet **Großheide**. Ausgedehnte Wald-, Heide- und Feuchtgebiete beherrschen den zerklüfteten Moor-, Marsch- und Geestrücken. Wir folgen der Route über die Abzweigung in **Südarle** in das fünf Kilometer entfernte **Arle**, fahren von hier aus nach **Westerende** und biegen links in Richtung **Großheide** ab. Im Zentrum kann man das alte Rathaus besichtigen, in Richtung

Großheide
Berumerfehn
4 km
Rechtsupweg
6 km
Leezdorf
3 km
Osteel
4 km
Marienhafe
7 km
Wirdum
15 km
Emden
2 km
12,5 km
Riepe

Süden liegt der Ortsteil **Berumerfehn** mit schönen gekennzeichneten Wandermöglichkeiten. Verwöhnten Gaumen empfehlen Ostfriesen hier den »**Grootheider Stipp**«, eine Salzhering-Pellkartoffel-Soßen-Mahlzeit mit Speck und Zwiebeln. (Danach empfiehlt sich eine der preiswerten Übernachtungen in den ländlichen Orten.)

Das **Brookmerland** war Schlupfwinkel der Seeräuber. Wir fahren über Moorhusen nach **Rechtsupweg**, folgen dabei der Hauptstraße weiter nach Westen und biegen nach etwa 1,5 Kilometern rechts Richtung **Leezdorf** ab, wo eine gut erhaltene Mühle zu besichtigen ist. Auf dem Moortunsweg geht es nach **Osteel** mit der Werenfridus-Kirche, und hier ist schon der Störtebekerturm von **Marienhafe** zu sehen, der als Wahrzeichen des Brookmerlandes gilt. Vom Turm kann man bei klarer Sicht bis zum Deich und sogar zu den dahinter liegenden Inseln sehen. Wir verlassen Marienhafe in südwestlicher Richtung und erreichen nach 6,5 Kilometern – an einer sehenswerten Drehkolbenpumpenwindmühle vorbei – das Warfendorf **Wirdum**. Sie sehen sich vielleicht den Hafen an und verlassen den Ort dann Richtung **Suurhusen-Emden**. Jetzt müssen Sie sich schon etwas Zeit nehmen, denn in Emden gibt es eine Menge zu sehen. Um die Route Richtung Ihlow nicht zu verpassen, müssen Sie an der Kreuzung (Kaufhalle, Kino, Kunsthalle) rechts nach **Riepe** in die **Wolthuser Straße**, also nach Osten, einbiegen.

Wasserwanderer gehören zu den häufigsten immer wiederkehrenden Gästen der Gemeinde **Ihlow**. Die Gemeinde ist aus sehr alten Siedlungen an den ostfriesischen Geest-Moor-Randzonen entstanden, ein Kloster begründete im Mittelalter das wirtschaftliche und kulturelle Leben. Andere Ortsteile sind typische Fehn-(Moor-) Siedlungen, die Moorkolonisten im 17. und 18. Jahrhundert errichtet haben. Das Typische dieser **Fehnsiedlungen** sind die Kanäle, die in den damals straßenlosen Moorgebieten für den Abtransport des Torfes genutzt wurden, aber auch für andere Güter.

***Bild Seite 89:** Traditionelle Arbeit in traditioneller Tracht: Beim Dorffest in Marienhafe wird alte Handwerkskunst lebendig gehalten.*

Kommen Sie aus Emden, Wolthusen, erreichen Sie zuerst den Ortsteil **Riepe** mit einer Kirche, von der die Einheimischen meinen, dass sie einer Teedose gleicht. Auf dem **Grootlandsweg** (leicht zu übersehen, zweigt auf der Hauptstraße Richtung Osten ab) verläuft unsere Binnenlandroute nach **Simonswolde** mit dem Flachsee Sandwater und einer Holländerwindmühle. Etwa vier Kilometer weiter im Nordosten liegen das **Ihlower Meer** und der 350 Hektar große Staatsforst **Ihlower Forst**. Hier befindet sich auch die Grabungsstätte eines ehemaligen Zisterzienserklosters. Dem Forst gegenüber zweigt die Route nach Nordwesten in Richtung Westerende-Kirchloog ab. Wir verlassen die Gemeinde in Richtung Aurich.

Die historische Entwicklung und die zentrale Lage machen es, dass Aurich immer noch als heimliche Hauptstadt Ostfrieslands gilt. Aurich verlassen wir auf der B 72 nach Süden, biegen aber nach etwa drei Kilometern Richtung **Schirum** nach **Westgroßefehn** und **Timmel** rechts ab. Beide Orte gehören zur Gemeinde **Großefehn**, deren etwa 360 Jahre alte Fehnkolonien zu den längsten Europas zählen. Sie wurden 1633 von vier Emder Bürgern gegründet, nachdem diese durch Erbpachtrecht die Erlaubnis erhalten hatten, Hochmoor abzugraben und den Untergrund zu kultivieren. Klappbrücken, Mühlen und Schleusen sind heute vor allem wunderschöne Fotomotive. In Timmel am Bootshafen kann man die Beine baumeln lassen oder baden gehen. Oder mit der »Gretje«, einer restaurierten Tjalk, rund um Großefehn fahren.

Unsere Route führt weiter von **Timmel** über **Ulbargen** ins sechs Kilometer entfernte **Spetzerfehn,** wo man eine Mühle und eine restaurierte Kastenschleuse besichtigen kann. Die B 436 führt dann ins benachbarte **Bagband**. Sie können es schon von weitem an den Flügeln der zum Museum hergerichteten Holländermühle erkennen. Mit der Gemeinde **Hesel** erreichen Sie den Verkehrsknotenpunkt der ostfriesischen Hauptstraßen. Beim Parkplatz der Mühle Bagband überquert der Ostfriesland-Wanderweg die B 72, vielleicht folgen Sie ihm ein Stück.

Unsere Route führt durch den Ortskern über die B 75 (zweite Ampel links) zum Staatsforst Kloster Barthe. Auch hier bieten sich ausgedehnte Wanderwege an, zum Silbersee oder zum ehemaligen Kloster Barthe, und auf die Kinder wartet ein Spielplatz.

Um ins drei Kilometer entfernte, 1000 Jahre alte Holtland zu gelangen (in der Kirche unter Denkmalschutz stehende Rohlfs-Orgel aus dem 19. Jahrhundert), müssen Sie zurück über den Ortskern. Über **Nortmoor** führt die Route weiter nach **Filsum** durch eine wasserreiche Landschaft. Dass es sich hier um ein Dorado für Angler (Aal, Barsch, Karpfen, Schlei, Hecht und Zander!) handelt, ist immer noch ein Geheimtipp. Drei Kilometer südöstlich von Filsum liegt die moderne Campinganlage von **Stickhausen**. Ferienhäuser stehen am 11 Hektar großen Bade-, Surf- und Angelsee, Minigolfplatz und Rollschuhbahn erfreuen sicher nicht nur Kinder. In **Detern-Barge**, zwei Kilometer südlich, gibt es immer noch ein (bewohntes) Storchennest. Eine im Mittelalter eingerichtete Pünte, die ohne Motor, nur mit einem Seil und menschlicher Zugkraft die Leda überquert, kann man in **Wiltshausen** benutzen. Eine besondere Attraktion bietet der kleine Turm neben der Kirche in Detern mit seinen drei sehenswerten Glocken.

Weiter geht es Richtung Süden in die Gemeinde **Saterland**, ehemals drei Kirchspiele, auf dem Geestrücken entlang der Sagter-Ems angesiedelt, seit 1974 Einheitsgemeinde. In **Strücklingen** steht eine Johanniter-Kapelle aus dem 14. Jahrhundert, im benachbarten Ramsloh eine intakte Galerie-Holländer-Windmühle. Die acht 354,7 Meter hohen Antennen gehören zur Marine-Funksendestelle. Im Erholungsgebiet Hollener See gibt es Bade-, Wander-, Reit und Angelmöglichkeiten. In Scharrel steht ein weiterer Galerie-Holländer, der Maiglöckchenwald ist Naturdenkmal. Auf der Landstraße von Westerscheps geht es weiter nach Godensholt und von hier aus Richtung Apen.

Mit dem Auto

Apen liegt abseits zwischen Wiesen und Hochmooren und tideabhängigen Wasserläufen, die zweimal täglich fast trockenfallen. Mit der Kanzel des Bildhauers und Holzschnitzers Münstermann in der Nikolaikirche aus dem 13. Jahrhundert verfügt die kleine Gemeinde auch über ein besuchenswertes Kunstwerk. Über Augustfehn kommt man nach **Vreschen-Bokel**, wo ein gut erhaltenes Rathaus zu besichtigen ist. Vielleicht haben Sie das Glück, um Pfingsten herzukommen. Dann fahren Sie durch eine Azaleen- und Rhododendron-Parklandschaft bis ins Zentrum **Westerstede**. RHODO heißen hier die Festtage, die in der Pfingstwoche stattfinden und die die Westersteder als fünfte Jahreszeit genießen. Westerstede ist das Einkaufszentrum des Gebietes, und vielleicht finden auch Sie hier ein Mitbringsel. Der Ammerländer Vogel- und Landschaftspark liegt im Ortsteil **Fikensolt**, südlich vom Zentrum. Das beeindruckende Fikensolter Barockschloss können Sie leider nur von außen besichtigen.

Zwischen Wiesen, Wäldern und Mooren liegt **Uplengen**, über die B 75 zu erreichen. Zwei Naturschutzgebiete, das **Neudorfer Moor** und das **Lengener Meer**, können Sie nur von einem Aussichtsturm sehen: Betreten verboten. Sie dürfen aber in das Naturschutzgebiet **Holle Sand** und dort den mit 18 Metern über NN höchsten ostfriesischen Berg, den Kugelberg, besteigen. Im Kern der Gemeinde Uplengen, in **Remels**, steht eine Wehrkirche aus dem 12. Jahrhundert. Das alte Halseisen wurde früher, viel früher, als ostfriesischer Pranger benutzt. Etwa 150 Jahre alt ist die Mühle. Über Neudorf gelangen wir zum **Nordgeorgsfehnkanal** und folgen ihm bis **Wiesmoor**.

Am ersten Septemberwochenende werden Millionen selbst gezüchteter Blumen zum Korso, schmücken Freilichtbühne und Festhalle und verwandeln sich in Märchengestalten. Aber auch

3

sonst ist **Wiesmoor** ein Blumenpark. Europas größte zusammenhängende Gewächshausanlage macht es möglich. Die Gärtnereien können Sie von März bis Oktober besichtigen. In der Blumenhalle hören und sehen Sie Händel an der Wasserorgel, im Landschaftspark steht ein originalgetreu nachgebautes Moorkolonistenhaus. Wer Zeit hat, kann die Gelegenheit nutzen, hier das Moorvogtdiplom zu erwerben. Das ist für 20 € allein nicht zu haben. Dazu gehören nämlich Torfstechen, Transport mit einer Kreite, Bau einer Torfmiete. Damit die Entspannung bei aller Anstrengung nicht fehlt, ersetzt die Vesper mit Tee bei offenem Feuer das Mittagessen, eine Kanalfahrt mit der »Moornixe« folgt, das Moorkolonistenhaus wird besichtigt – und dann gibt es auch die Urkunde.

Auf der B 436 geht es nach Nordosten weiter, aber schon nach zwei Kilometern führt die Route nach rechts Richtung **Hopels** und **Marx** (wo alle fünf Jahre ein Familientreffen derer, die Marx heißen, stattfindet). Der Erholungsort **Friedeburg** hat seinen Namen von der Burg und Festung aus dem 14. Jahrhundert, deren Spuren auch heute noch im Ortsbild zu finden sind. Hier können Sie von Russland nach Amerika wandern und das eventuell mit einer Boßeltour verbinden. Über **Wittmund** und **Esens** führt die Route jetzt wieder zum Ausgangspunkt zurück.

Dauer: 2 Tage–2 Wochen, je nach Länge der Zwischenstopps, 186 km; **Karte:** → S. 113, 114, 117, 118

Remels

12 km

Marx

437

2,5 km

Friedeburg

46 km

Wittmund, Esens, Westerholt

Viele künstliche Wasserstraßen durchziehen das Fehnland. Die Kanäle ermöglichten vor 300 Jahren den schnellen und günstigen Transport des abgebauten Torfs.

10 Die Seedeiche entlang

Kreischende Möwen, stürmischer Wind – und Meer, so weit das Auge reicht: Wer hier radelt, hat es mit Natur pur zu tun.

Über Deich-, Feldwege und Nebenstraßen führt eine 37 km lange Rundtour ab dem Hafen Bensersiel.

Der Beginn dieser Tour verläuft direkt an der Küste des Harlingerlandes. **Bensersiel** ist erst im 17. Jahrhundert als Hafen für Esens gebaut worden. Das Benser Tief wurde zwar schon lange als Fahrwasser für den Esenser Seehandel genutzt, aber als die Zufahrt für die zunehmend größeren Schiffe immer schwieriger wurde, brauchte man auch einen neuen Hafen. Vom 19. Jahrhundert an wurde in Bensersiel auch zunehmend Fischerei betrieben. Von hier aus besteht eine tideunabhängige Verbindung nach Langeoog. Sand- und Grünstrand und viele Erholungseinrichtungen machen das anerkannte Nordseebad Bensersiel längst zu einem beliebten Urlaubsort. Auf der Deichkrone führt der Weg nach Osten und überquert beim Sielwerk das Benser Tief. Die alten Deichtore von 1619 erinnern an den ständigen Kampf der Bewohner gegen die See.

Links geht es in die Straße **Am Hafen**, und hier erreicht man auch den **Landesschutzdeich**. Nach neun Kilometern haben wir **Neuharlingersiel** erreicht. Früher bedeutender Seehandelsort, dann Fischereihafen, entwickelte Neuharlingersiel sich bereits Anfang des 20. Jahrhunderts zum Fremdenverkehrsort. Wir fahren weiter nach **Carolinensiel**. Vom alten Handelshafen fahren wir am Ufer der Harle, dem heutigen **Wittmunder Tief**, nordwärts. Mit jeder Eindeichung ist der Hafen weiter nach Norden verlegt worden. Im 14. Jahrhundert hatte die **Harlebucht** 20 Kilometer bis an den Geestrand im Hinterland gereicht.

Nach etwa einem Kilometer erreicht man die **Friedrichsschleuse**, nach Friedrich dem Großen benannt. Weiter nördlich geht es nun etwa einen Kilometer bis **Harlesiel**. Von hier aus verkehren die Fähren nach Wangerooge. Vom Schöpfwerk aus geht es nach Südwesten und nach **Carolinensiel** zurück und weiter bis **Neuharlingersiel**. In dem Sielhafenort, von dem aus die Fähren nach Spiekeroog fahren, verlassen wir den Deich am Hafenbecken und fahren nach rechts in die **Hauptstraße** und nach einem Kilometer links in den **Mühlenstricher Weg**, der auf einem Deich des 15. Jahrhunderts verläuft. 1,2 Kilometer weiter biegen wir nach rechts ab und erreichen die **Seriemer Mühle** am Neuharlinger Sieltief.

Die Seriemer Mühle lohnt eine Besichtigung.

Von der Mühle aus führt unser Weg westwärts und biegt nach 500 Metern rechts in die **Hauptstraße** und nach weiteren 500 Metern links in die **Ostbense** an der L 5. Nach knapp 1,5 Kilometern bei einem Gehöft geht es nach rechts zum Landesschutzdeich. Auf der Binnenseite des Deiches fahren wir auf der **Ostbenser**, dann **Deichstraße** westwärts durch die Altmarsch von Seriem mit großen Einzelhöfen. Sechs Kilometer später erreichen wir **Bensersiel**. Wer jetzt von der **Deichstraße** zur Hafenzufahrt und durch die Seestraße fährt, erreicht die Hauptstraße und ist kurz darauf wieder im Hafenbereich, wo es links wieder durch den **Gründeich** zum Ausgangspunkt der Fahrt geht.

Dauer: ca. 4 Stunden, je nach Wind und Pausen;
Karte: → S. 113, 114

Ganz nah am Wasser macht Rad fahren doppelt Spaß – auch wenn man im frischen Wind manchmal ganz schön in die Pedale treten muss.

Einmal um Baltrum herum

Hafen und Dünenlandschaft, das hübsche Inseldorf und ein »erhebender« Aussichtspunkt – nach diesem Spaziergang haben Sie (fast) ganz Baltrum »erobert«.

Welche Insel böte sich besser für eine Umrundung an als das kleine Baltrum? Auf Nebenstrecken, Strand- und Deichwegen sind 12 Kilometer in gut drei Stunden geschafft. Vielleicht brauchen Sie auch länger, weil Sie eine halbe Stunde am Strand sitzen wollen. Die Umrundung kann am **Hafen** beginnen. Nach etwa 500 Metern schon ist das Bauamt für Küstenschutz an der Westspitze erreicht. Wind und Meer tragen, wie auf den andern Inseln auch, die Westküste langsam ab, mehr als drei Kilometer schaffen sie zusammen in etwa 200 Jahren. Aber Sandanspülungen gleichen diesen Verlust im Osten wieder aus, so dass es den Anschein hat, die Inseln wanderten. Im 17. Jahrhundert lag die Westspitze Baltrum dort, wo heute das Ostende von Norderney ist. Das Inseldorf und die Kirche wurden daher öfter nach Osten verlegt.

Die Westküste wird von Wind und Meer langsam abgetragen.

Im Westen sieht man von hier aus **Norderneys Rattendüne**. Bis zum Leuchtturm sind es neun Kilometer, bis zum Festland im Süden nur fünf Kilometer. Der Weg führt auf der Strandpromenade zum **Westdorf**, dem Bade- und Burgenstrand folgen Sie bis zur **Buhne J** und gehen dort am Strand, am Spülsaum, entlang. Haus 240, oben rechts über dem Burgenstrand, ist das neue Baltrumer Badeparadies »SindBad« mit bunten Sonnenschirmen, als wenn man draußen wäre, mit Wimpeln, Markisen und exotischen Pflanzen und Wasserrutschen von künstlichen Felsen. Ein Hauch des Südens, als ob Baltrum seinen Reizen des Nordens nicht mehr traute. Im Osten sehen Sie die naturnahe Dünenlandschaft. Den Weißen Dünen folgen nach Süden feuchte Dünentäler, danach kommen die Grauen Dünen mit Sanddorn, Weiden und

Auf dem Weg am Strand entlang können Sie einer Inhalationskur nicht entgehen.

Schillerkraut. Über einer 12 Meter hohen Düne ist nach drei Kilometern Strandmarsch ein hölzernes Gerüst zu sehen, die östliche Peilbake, die Schiffen zur Orientierung dient. Am Ostende ist schon, etwa vier Kilometer entfernt, das Inseldorf **Langeoog** hinter der Accumer Ee zu sehen.

Bei der Wanderung westwärts ist in kurzer Zeit ein Fußweg erreicht, etwa zwei Kilometer weiter der Campingplatz des Niedersächsischen Turnerbundes und nach einem weiteren halben Kilometer ein **Gedenkstein** für den holländischen Schiffer Jan-Hendrik de Boer. Von hier aus führt ein Weg auf die 19 Meter hohe **Aussichtsdüne**. Im Westen, auf unserem Weg, liegen die Salzwiesen und Brutgebiete unterschiedlicher Seevögel. Hinter dem **Ostdorf** kommt man zum **Spielteich**, dem Treffpunkt für Wattwanderer. Unser Weg führt weiter zum Westdorf an der alten Inselkirche vorbei, von dort nach Süden zum **Nationalpark-Haus**. Der Heimatverein zeigt in einer Inselkammer manches über die Inselgeschichte und eine Bernsteinsammlung. Von hier aus ist es nur noch ein kleines Stück südwärts bis zum Hafen.

Jan-Hendrik de Boer wollte hier nie beerdigt sein – als er jedoch vor Baltrum strandete und ums Leben kam, wurde er hier begraben.

Dauer: 3 Stunden; **Karte**: → S. 113

Nach dem Spaziergang lädt die gemütliche Teestube zur Einkehr ein.

Von Wiesmoor zum Hopelser Wald

Es muss nicht immer das blaue Meer sein: Im Mittelpunkt dieser kleinen Wandertour im ostfriesischen Binnenland stehen der grüne Wald, das schwarze Moor – und viele bunte Blumen.

Ausgangspunkt dieser Wanderung ist der Marktplatz der Blumengemeinde **Wiesmoor**, von wo aus wir rechts in die Hauptstraße-Ost gehen, Wiesmoors Hauptgeschäftsstraße. Nach etwa 500 Metern biegt rechts der Grenzweg durch eine Einfamilienhaussiedlung ab, dahinter beginnen abgetorfte Hochmoorflächen. Aber wir begegnen bald Resten ehemaligen Hochmoores, wie es früher das ganze Gebiet bedeckte. Das waren dann nicht so schildkrötenartige Gebilde in der Landschaft wie die heutigen Reste, sondern eine mehrere Meter hohe Moordecke. Ungefähr zwei Kilometer weiter wenden wir uns nach links und gehen auf dem Streeker Weg weiter. Dort liegt links die Hochmoorkolonie **Streek**, und rechts beginnt schon der **Hopelser Wald**.

Die meisten der abgetorften Hochmoorflächen werden schon lange als Grünland genutzt.

Den Hopeslo (Lo heißt Wald) gab es, wie Urkunden belegen, schon im 14. Jahrhundert. Heute ist er Staatsforst, der auf teilweise abgetorften Flächen im 18. Jahrhundert neu angepflanzt wurde. Nach etwa einem Kilometer beginnt rechts der Hopelser Weg. Es geht jetzt an der 1766 gegründeten Moorkolonie Hopels vorbei und weiter bis zum »Forsthaus Bohnens«, einem Gasthaus. Auf der anderen Straßenseite beginnt der Förster-Müller-Weg durch den Hopelser Wald. Wir gehen nach links und an einem kleinen Teich vorbei, einem Picknickberg und dann einer Köhlerhütte mit Grillplatz.

Der nächste Picknickplatz liegt dort, wo früher das Kloster Hopels stand.

Wo der Förster-Müller-Weg nach rechts führt und ein breiter Waldweg beginnt, gehen wir links weiter durch den Wald und gelangen nach etwa einem Kilometer an den Waldrand. Hier treffen wir auf die Schule der Moorkolonie **Mullberg**, gehen nach links in den Birkhahnweg und kurz darauf wieder nach rechts in den Drosselweg, der zwei Kilometer weiter auf die Mullberger Straße stößt, die wir nach rechts weitergehen. Dabei wandern wir den **Nordgeorgsfehnkanal** entlang, die Verbindung zwischen Ems-Jade-Kanal und Jümme. Im Sommer werden uns Boote begegnen. Auf der linken Seite des Kanals sehen wir die Gärtnerei- und Gewerbebetriebe von Wiesmoor, und auch acht Großgewächshäuser der Blumengemeinde liegen hier. Hier wächst alles zur Vorbereitung des größten Festes im September, wenn das traditionelle Blütenfest gefeiert wird. Ein fantastischer Blumenkorso, die Wahl der Blütenkönigin und ein Unterhaltungsprogramm locken dann nicht nur halb Ostfriesland her. Wer zu anderen Zeiten kommt, hat dennoch Freude an mehr als 10 000 Pflanzen und an Ostfrieslands einziger Wasserorgel in der Blumenhalle. Selbst wer nur die Baumschul- und Gewächshausanlagen der Gärtnerei besichtigen will, muss eine Rundfahrt über 100 Hektar machen. Jetzt gehen wir nach rechts in die Narzissenstraße und gleich links weiter in die Marktstraße, die uns zum Wiesmoorer Marktplatz zurückführt.

Dauer: 12 km Rundwanderweg, etwa 3 Stunden Nebenstraßen und Waldweg; **Karte:** → S. 118

Absolut buggytauglich: Die hier beschriebene Rundwanderung können Sie sogar »mit Kind und Kegel« nachvollziehen. Also Mütze auf und los geht's.

Wissenswertes über das Land

und die Inseln, die Anreise über Land, Wasser und Luft, über seine Feste, seine Sprache und den Nationalpark.

Ein Sonnenuntergang über dem Wattenmeer ist nur einer von vielen unvergesslichen Eindrücken eines Ostfriesland-Urlaubes.

Anreise

Mit dem Auto
Drei Autobahnen führen nach Ostfriesland, die A 28 von Oldenburg nach Leer und Emden, die A 29 nach Wilhelmshaven und die A 31 an der holländischen Grenze entlang von Meppen nach Leer.

Mit der Bahn
Es gibt drei Bahnlinien für diejenigen, die nach Ostfriesland oder auf die Inseln wollen. Von **Köln** kommt man über Leer, Emden, Norden nach Norddeich. Ein Bus fährt vom Bahnhof nach Neßmersiel und damit zur Fähre nach Baltrum. Wer nach Borkum will, muss in Emden aussteigen. Mit der Autofähre oder dem wasserstrahlgetriebenen Katamaran kommt man vom Außenhafen auf die Insel. Aus **Hamburg** und **Hannover** fährt ein Zug über Oldenburg und Leer nach Groningen. Mit Bussen oder dem Zug aus Westen fährt man ins Binnenland beziehungsweise an die Küste.

Die Strecke **Oldenburg, Sande, Wilhelmshaven** führt in den Osten der ostfriesischen Halbinsel, von Sande kommt man auf einer Nebenstrecke über Jever und Wittmund nach Esens. Busse fahren von den Städten regelmäßig zu den Küstenorten Carolinensiel, Neuharlingersiel und Bensersiel, von wo aus die Fährschiffe nach Wangerooge, Spiekeroog und Langeoog fahren.

Mit dem Bus
Die Busverbindungen zwischen den ostfriesischen Städten sind verhältnismäßig gut, Schnellbusse und Halbstundentakt gibt es aber nur zwischen größeren Städten. Abseits liegende Dörfer im Binnenland werden oft nur dreimal täglich angefahren. Gute Verbindungen gibt es jedoch wieder zu den Küstenorten.

Mit dem Flugzeug
Fast alle Inseln sind auch mit dem Flugzeug erreichbar, Borkum von Emden aus, Juist, Norderney, Baltrum und Langeoog von Norddeich aus und Wangerooge von Carolinensiel-Harle. Nach Spiekeroog fahren nur Personenfähren.

Mit dem Schiff
Die Fährverbindungen zu den Inseln sind unterschiedlich, je nachdem, ob es tideunabhängige Fahrstraßen gibt oder nicht. Tideunabhängig sind nur die Fähren nach Borkum, Norderney und Langeoog. Bei allen anderen wechseln die Abfahrtzeiten täglich, Juist ist sogar an manchen Tagen überhaupt nicht erreichbar. Garagen und Großparkplätze gibt es an allen Fährhäfen. Sein Auto dort zu lassen ist auch dann sinnvoll, wenn man es mit auf die Insel bringen kann, dort aber praktisch nicht fahren darf. Mittlerweile sind Autos auf allen Inseln nicht mehr gern gesehen.

Borkum
Autofähre und Personenfähre, tideunabhängig von **Emden-Außenhafen.**
Reederei AG Ems
Tel. 01 80/5 02 43 67, Fax 0 49 21/89 07 42

Garagen in Emden
Garagen und Abstellplätze etwa 300 Meter vom Anleger entfernt.
Tel. 01 80/5 02 43 67

Juist
Personenfähre, tideabhängig von **Norddeich.**
Reederei Norden-Frisia
Tel. Norden-Norddeich 0 49 31/98 70, Fax 98 71 31;
Tel. Juist 0 49 35/9 10 10, Fax 91 01 34

Garagen in Norddeich
Arends Garagen, Tel. 0 49 31/84 92
Frisia Garagen, Tel. 0 49 31/98 71 66
Kannegießer, Tel. 0 49 31/16 84 03
Park Service, Tel. 0 49 31/1 49 31

Norderney
Autofähre, tideunabhängig von **Norddeich.**
Reederei Norden-Frisia
Tel. Norddeich 0 49 31/98 71 24, Fax 98 71 31
Tel. Norderney 0 49 32/9 13 13, Fax 9 13 10
Garagen in Norddeich (→ Juist)

Baltrum
Personenfähre, tideabhängig von **Neßmersiel.**
Reederei Baltrum-Linie GmbH
Tel. 0 49 39/9 13 00, Fax 91 30 40
Garagen in Neßmersiel
Neßmersieler Garagenbetriebe;
Tel. 0 49 33/22 23

Langeoog
Personenfähre tideunabhängig von **Bensersiel.**
Reederei Schifffahrt der Inselgemeinde Langeoog
Tel. 0 49 72/69 30, Fax 16 03
Garagen in Bensersiel
Garage Arians, Tel. 0 49 71/8 87
Garage H. Graef, Tel. 0 49 71/8 33
Inselparkplatz GmbH, Tel. 0 49 71/31 00
Tagesparkplatz 0 49 71/9 28 90

Spiekeroog
Personenfähre, tideabhängig von **Neuharlingersiel.**
Nordseebad Spiekeroog GmbH
Tel. 0 49 76/91 93 33, Fax 4 09
Fahrkartenausgabe in Neuharlingersiel,
Tel. 0 49 74/2 14
Garagen in Neuharlingersiel
Spiekeroog-Garagen GmbH,
Tel. 0 49 74/3 86

Wangerooge
Personenfähre tideabhängig von **Harlesiel.**
Reederei Schiffsdienst und **Inselbahn Wangerooge** (Deutsche Bundesbahn)
Bahnhof Harlesiel, Tel. 0 44 64/94 94 11,
Fax 94 94 40
Wangerooge, Tel. 0 44 69/94 74 11

Auskunft

Prospekte, Unterkunftsverzeichnisse und Informationsmaterial über Pauschalangebote versenden auf Anfrage die Kurverwaltungen und Fremdenverkehrseinrichtungen der einzelnen Inseln und Orte (→ Service bei den einzelnen Orten).

Allgemeine Auskünfte oder Prospekte bzw. Faltblätter zu besonderen Themen (Wassersport, Museen usw.) bekommen Sie dort ebenfalls.

Einkaufen

Man bekommt, was man braucht (manchmal auch das, was man zu Hause nie gebraucht hätte), und dazu das eine oder andere Souvenir für die Daheimgebliebenen: Buddelschiffe in verschiedenen Ausführungen und Holzpantinen, die hier **Klumpen** genannt werden, Seemannstroyer, Norwegerpullover (!), Wettermelder und Fischerhemden, Wollschafe

! MERIAN-Tipp

Auf dem Erdbeerhof Janssen in Wittmund wird ab Hof verkauft, und bei **Bauernmärkten** wird die neue Ernte angeboten. Wer durch das Land fährt, wird mittlerweile allerdings auch an anderen Orten mit Schildern an den Straßen zum Anhalten und zum Kauf von Landesprodukten verführt. Das beginnt mit Spargel im Mai und setzt sich fort mit Erdbeeren im Juni, Himbeeren im Juli, Äpfeln im September und Kartoffeln im November. In den Kämpen 5, Tel. 0 44 62/60 96, Mai–Dez. Mo–Sa 8–12 und 15–18, So 10–22 Uhr
■ B 7, S. 114

Die ostfriesische Variante der Holzschuhe – Klumpen genannt – ist ein gern gekauftes Souvenir.

und Pelzrobben, Messingschnickschnack aus vermeintlichem Schiffszubehör und Muscheln, die wer weiß woher kommen, aber ganz sicher nicht aus der Nordsee. Und das alles wird den Besuchern nicht nur auf den Inseln, sondern auch in jedem Küstenbadeort angeboten.

Köhm, Kluntjes und Ostfriesentee bekommt man überall auf dem Land im Laden nebenan. Aber dann gibt es überall das kleine Teegeschäft, das solche Dinge liebevoll verpackt und als Geschenk zurechtmacht, es auch nachschickt. Ob als klassisches Urlaubsmitbringsel, Geburtstagsgeschenk oder als Gute-Nacht-Gruß, der Wettbewerb der Teehändler hat eine Fülle von hübschen und kitschigen Ideen entstehen lassen, bei denen unterschiedliche Teesorten mit Gebäck, Honig und Marmelade, Kandis und Eierbechern, Silberlöffeln oder Teetassen aufwendig arrangiert werden.

Ostfriesische Gaumenfreuden als Mitbringsel sind überhaupt sehr beliebt. Das kann der schwere Schneckenkuchen vom einheimischen Bäcker sein, der Honig oder die Sanddornmarmelade. Oder **Pfeffermakrelen**, die der Norddeicher Fischer Johann von der Ohe erfunden und berühmt gemacht hat. Vor der Bäckerei de Buhr in der Heseler Mühlenstraße stehen an Backtagen Autoschlangen mit Schwarzbrotinteressenten aus der Umgebung. Das ostfriesische **Schwarzbrot**, pumpernickelartig mit harter Kruste, sorgte und sorgt für die nötige Kraft für den Arbeitsalltag. **Krintstut**, ein Rosinenstuten oder feines Weißbrot, kann zu Hause helfen, die Urlaubserinnerungen aufzufrischen. Im ostfriesischen Kochbuch stehen Rezepte zum Nachkochen, auch von Gerichten, die der Urlauber in keinem Restaurant bekommen hat.

Gummistiefel für die Wattwanderung kaufen nur diejenigen, die es nicht besser wissen. Alte Turnschuhe eignen sich viel besser. Den **Ostfriesennerz**, die gelbe, schweißtreibende Öljacke, darf man ruhig hängen lassen. Nicht nur, weil es auch in Ostfriesland nicht ständig regnet – nur öfter –, sondern weil Pfiffige sie längst gegen luftdurchlässige Kleidung getauscht haben. Die Mütze gegen den Wind gibt es überall auf den Inseln zu kaufen.

Und wer nichts findet und doch etwas mitnehmen möchte? Ein paar Muscheln vom Strand oder der gefundene Tintenfischschulp kosten nichts.

Feste und Festspiele

März/April
Osterfeuer
Kaum ein Ort in Ostfriesland, in dem, meist am Ostersonnabend, nicht ein aufgeschichteter Reisighaufen brennt. Viele zieht es dann an die Küste, wenn man in der Dämmerung die Feuer auf den Inseln flackern sieht.

Greetsiel
Am Ostermontag diskutieren jedes Jahr Künstler im Haus der Begeg-

nung, eine zwanglose Zusammenkunft, »um der Bedeutung Greetsiels als Künstlerort gerecht zu werden«, schreibt das Verkehrsbüro.

Mai/Juni

Oll' Mai

Ein Nationalfeiertag, der an Einheit und Freiheit der Friesen seit über 700 Jahren erinnert. Früher trafen sich die Vertreter der Friesischen Republiken an der Thingstätte Upstalsboom, heute feiert man mit Vorträgen und Wettspielen.

In Aurich; 10. Mai.

Maibaum- oder Pfingstbaum-aufstellen

Das ist der Job der Einheimischen, Gäste dürfen zusehen und anschließend mitfeiern, sich auf Borkum eventuell beim Maibaumsingen beteiligen.

Pfingstmarkt

In Bunde, Carolinensiel und Norden erfreuen die ersten Jahrmärkte der Saison die Besucher aus dem Umland und die Touristen, die bei noch unbeständigem Wetter gerne eine solche Abwechslung suchen.

Großefehner Mühlentage

Ein kleines Volksfest, zur Demonstration der Bräuche und zum Vergnügen der Gäste.

Am dritten Mai-Wochenende

RHODO in Westerstede

Die fünfte Jahreszeit, die Blüte des Rhododendron, wird hier jedes Jahr gefeiert. Aus dem Umkreis kommen Menschen in Bussen, um die Pracht zu bewundern.

Juli

Ostdorffest und Westdorffest auf Baltrum

Sie finden in den Sommerferien statt, und es sind zwei Feste, damit keiner einen langen Weg hat.

Stadtfest in Emden

Am Wochenende vor den Sommerferien beginnt das Volksfest, das sich die Feriengäste aus den umliegenden Orten kaum entgehen lassen. Und wenn das Fest zu Ende ist, fahren auch die Emder in Urlaub.

Schützenfest in Esens

Am zweiten Wochenende im Juli füllt sich der große Marktplatz mit tausenden von Schützenbrüdern und -schwestern aus dem norddeutschen Raum.

Greetsieler Woche

Kunst- und Handwerkermarkt, Zylindermacher, Senfhersteller, Stövchenmacher, Pfeifenmacher, Hufschmiede, Edelsteinschleifer und Bonbonmacher kann man in dieser Fülle eigentlich nur hier bestaunen.

! MERIAN-Tipp

Im Juli und August heißt es in Schortens **»Umsonst & draußen«**. Am Freitag- und Sonntagabend bei Konzerten vor dem Bürgerhaus ist jeder willkommen, der Folk und Soul mag und die Musik der Cajuns aus Louisiana.

■ C 7, S. 114; D 7, S. 115

Wer Orgelmusik liebt, ist allerdings im Rheiderland besser aufgehoben. Jeden Sommer erklingen auf bedeutenden Instrumenten aus sechs Jahrhunderten Konzerte in den Kirchen einer der reichsten Orgellandschaften der Welt, am Dollart. Aktuelle Informationen gibt es bei den Fremdenverkehrsvereinen.

Dorffest, Wattenregatta und Regattaball auf Langeoog
Sorgen für Unterhaltung und Abwechslung in den Sommerferien.

Krabbenkutterregatta in Neuharlingersiel
Ein Volks-, Futter- und Augenfest rund um den ohnehin schon malerischen Hafen.

Hafenfest in Norden
Feriengäste aus nah und fern treffen sich mit den Einheimischen.

Orgelsommer in Sillenstede
Zahlreiche Konzerte bis August.
Informationen: Bürgerhaus Schortens, Weserstraße 1, 26419 Schortens; Tel. 0 44 61/8 01 98, Fax 0 44 61/89 01 10

Wochenende an der Jade in Wilhelmshaven
Das Volksfest mit künstlerischen Darbietungen dauert vom ersten Mittwoch im Juli bis zum Sonntag.

August
Stadt- und Schützenfeste
An fast allen Orten, und das heißt, dass halb Ostfriesland jetzt, vor allem an den Wochenenden, zum Feiern unterwegs ist.

September
Blütenfest in Wiesmoor
3 Mit Millionen Blüten und einem Blumenkorso feiert die Blumengemeinde mit dem Blütenfest sich selbst und wählt auch eine Königin.
Am ersten Septemberwochenende

Oktober
Erntefest
In Edewecht, Emden, Hage, Hatten, Hesel und Rhauderfehn.

Drachenfest in Greetsiel
Immer wieder sind hier Profis mit ungewöhnlichen Drachenkonstruktionen am Start.

Gallimarkt in Leer
Vom zweiten Mittwoch im Oktober an und dann fünf Tage lang dauert das ostfriesische Oktoberfest mit Viehmarkt, zugleich das berühmteste der ostfriesischen Feste, zu dem die Kinder sogar schulfrei haben. 8

Dezember
Klaasohm
Traditionelles Männerfest am Vorabend des Nikolaustages auf Borkum. Frauen tun gut daran, sich fernzuhalten.

Weihnachtsmärkte
Finden von Ende November meist bis Weihnachten in fast allen Städten und vielen größeren Orten statt.

Kuren

Alle Inseln sind zugleich Kurorte, ebenso mehrere Küstenorte. Heilanzeigen sind chronische Krankheiten der Atemwege, Allergien, Wirbelsäulen- und Gelenkerkrankungen, Hautkrankheiten, Krankheiten im Kindesalter und Schwächezustände.

Nationalpark Wattenmeer

Den Nationalpark Niedersächsisches Wattenmeer gibt es seit dem 1. Januar 1986. Er erstreckt sich über 240 000 ha von Cuxhaven bis Emden. Da hier die besonderen Eigenschaften von Natur und Landschaft geschützt werden sollen, galt es, die unterschiedlichsten Interessen unter einen Hut zu bekommen: von Wirtschaft über Tourismus bis zum Erhalt von Lebensraum der Tiere und Pflanzen. Drei Zonen unterschiedlicher Schutzintensität sind daher festgelegt worden, und in den Fremdenverkehrsämtern gibt es Karten, auf denen man ihren Verlauf feststellen kann.

In der **Ruhezone**, wo die strengsten Schutzbestimmungen gelten, dürfen nur dafür bestimmte Wege betreten werden. Besucher werden gebeten, auch zum Fotografieren nicht in das Schutzgebiet hineinzugehen, weil sie dort wirklich stören. In der **Zwischenzone** ist alles verboten, was den Charakter des Wattenmeers einschließlich der Inseln verändern und das Landschaftsbild beeinträchtigen kann. Von April bis Ende Juli ist auf den Salz- und Strandwiesen zwischen Deichfuß und Hochwasserlinie das Betreten verboten: Dann ist Brutzeit, und wer lässt sich schon gern von Fremden in die Kinderstube und ins Schlafzimmer sehen.

Die in der Ruhe- und Zwischenzone benutzbaren Wege sind mit Pfählen markiert, grün für Fußgänger und rot für Reiter.

Dass Hunde im Nationalpark nicht frei herumlaufen dürfen, versteht sich von selbst.

Reisewetter

Es regnet nicht immer, es ist nicht immer kälter als anderswo, nur darauf, dass es öfter windig ist, kann man sich wohl verlassen.

Borkum verdankt seiner exponierten Lage außerdem etwas, das dem Hochseeklima gleichkommt: Die Inhalation beim Spaziergang am Meer, am Flutsaum, stärkt das Immunsystem. Auch wenn die Wassertemperaturen der Nordsee selten die 17-Grad-Marke überschreiten, so fördert ein so kühles Bad immerhin die Durchblutung und nach Meinung aller, die sich ins Wasser wagen, die gute Laune. Auf dem Festland ist es anders, sozusagen normaler, aber da auf Wettervorhersagen bekanntlich ohnehin kein Verlass mehr ist (und nie gewesen sein soll), empfehlen sich wärmende Pullover zu jeder Jahreszeit. Die Ostfriesen halten auch anderes parat, um von innen der Kälte entgegenzuwirken.

Die genauen Klimadaten von **Borkum**

	Januar	Februar	März	April	Mai	Juni	Juli	August	September	Oktober	November	Dezember
Durchschnittl. Temp. in °C – Tag	3,2	3,5	6,4	10,3	14,6	17,9	19,8	20,0	17,6	12,8	8,1	5,0
Durchschnittl. Temp. in °C – Nacht	-0,6	-0,5	1,2	4,7	8,4	11,9	14,2	14,4	12,3	8,3	4,3	1,4
Sonnenstunden pro Tag	1,5	2,4	3,5	5,4	6,3	7,5	6,2	6,0	4,6	3,0	1,8	1,4
Regentage	12	10	8	8	7	8	11	11	11	13	13	12
Wassertemp. in °C	4	4	4	6	10	13	16	17	16	13	9	7

Quelle: Deutscher Wetterdienst, Offenbach

Sprachkunde

Folgende wichtige Begriffe werden Ihnen in Ostfriesland immer wieder begegnen:

Deich: Aufgeworfene Erdwälle, die auch im Binnenland Flussläufe umschließen, da diese von Ebbe und Flut abhängig sind. Schützen das Land vor Überflutung.
Geest: Sandboden, in der Eiszeit vor hunderttausend Jahren während der eisfreien Perioden hier abgelagert.
Hammrich: Flussmarsch
Klönschnack: Unterhaltung in gemütlicher Atmosphäre
Hochmoor: Nährstoffarme Regenwassermoore
Kolk: Wassersammelstellen im Moor
Marsch: Durch Ablagerungen aus Meer und Flüssen entstandenes Schwemmland
Niedermoor: Reine Grundwassermoore mit hohem Nährstoff- und Mineralanteil
Schloot: Gräben, die zur Entwässerung des Landes angelegt wurden
Siel: Abgesicherte Durchlässe in den Deichen für das ablaufende Binnenwasser
Tide: Ebbe und Flut
Torf: Zersetztes organisches Material, das sich aus abgestorbenen Pflanzen durch Wasserüberschuss und Luftmangel gebildet hat
Verlaat: Schleuse
Warft: Erdhügel in der Marsch, auf denen Gehöfte oder kleine Dörfer stehen

Tiere

Kein Problem bei vielen Unterkünften im Land, aber wenn der Hundefreund an die Küste oder auf eine Insel will, muss er daran denken, dass sein Begleiter dort ein wahres Hundeleben führt. An den Strand darf er nicht, Schafe verbellen auch nicht, nichts jagen, was sich im Watt bewegt. Selbst beim Deichspaziergang muss er an die Leine.

Verkehrsverbindungen

Auto und Fahrrad

Die **Arbeitsgemeinschaft Ostfriesisches Binnenland** hat eine Route für Auto- und Fahrradfahrer zusammengestellt, mit der sich das Land und die 16 schönsten Ferienorte Stück für Stück erschließen lassen.

Da nur nach **Borkum** und **Norderney** Autos mitgenommen werden können, die auch fast ausschließlich für die Anfahrt zur Unterkunft benutzt werden dürfen, empfiehlt es sich, das Auto in einer Garage oder auf einem Parkplatz am Fährhafenort zu lassen. **Spiekeroog** und **Baltrum** möchten Kollisionen zwischen Radfahrern und Fußgängern auf den schmalen Wegen vermeiden und bitten darum, das Rad zu Hause zu lassen. Die anderen Inseln verfügen über Fahrradverleihe.

Arbeitsgemeinschaft Ostfriesisches Binnenland
Postfach 1150; 26633 Wiesmoor;
Tel. 0 49 44/8 74, Fax 30 52 50

Öffentliche Verkehrsmittel

Wer das Land mit öffentlichen Verkehrsmitteln kennen lernen will, muss schon genau planen und braucht außerdem den **Ostfriesland-Fahrplan,** den es bei den örtlichen Fremdenverkehrsvereinen und in einigen Reisebüros gibt.

Am besten ist es, sich nach Busrundfahrten zu erkundigen. Das Reise- und Verkehrsbüro Leer (Am Denkmal, 26789 Leer, Tel. 04 91/6 10 71) bietet Tagesfahrten, zum Beispiel die »Deutsche Fehnroute«, jeden Donnerstag an, aber es gibt auch drei, vier und sieben Tage dauernde Pauschalangebote.

Schiffe und Boote

Wer sich Ostfriesland auf dem Wasserweg erschließen will, findet idyllische Wasserwinkel für sein Paddelboot im Nordwesten, kann sich aber auch mit Kanu oder Motoryacht auf die Reise begeben oder mit dem Segelboot auf den großen Binnenseen und in den Mündungen der Flüsse kreuzen. Dollart, Wesermündung und Jadebusen bieten eine Fülle von Möglichkeiten. Die Ostfriesen schätzen allerdings keine leichtsinnigen Freizeitkapitäne, die erschöpft auf einer Sandbank landen und von einem Rettungskreuzer geborgen werden müssen.

Der **Fremdenverkehrsverband Nordsee-Niedersachsen-Bremen** hat in einem Heft zum »Wassersport« nützliche Angaben für alle zusammengestellt, die mit dem Boot unterwegs sind. Bei allen örtlichen Fremdenverkehrsverbänden erhältlich.

Zeitungen

Im Land liest man die übliche Lokalzeitung, in den Urlaubsorten gibt es die überregionalen regelmäßig, und auch auf die Inseln kommen sie per Schiff, also immer etwas später. Während der Saison gibt es aktuelle Veranstaltungskalender.

Zollfreier Einkauf

Helgoland, Deutschlands einzige Hochseeinsel, wird von Wilhelmshaven und Harlesiel täglich mit dem Schiff angefahren. Für Neulinge ein besonderes Erlebnis ist das **Ausbooten**, da die tiefergehenden Schiffe im Inselhafen nicht ankern können. Oder weil die Hafenanlagen nicht ausreichen, um allen Schiffen (bis zu acht täglich im Sommer) gleichzeitig Anlegemöglichkeiten zu bieten. Oder weil die Tatsache, dass die Ankömmlinge in die kleinen Börteboote verfrachtet und mit ihnen auf die Insel gebracht werden, etwas Besonderes ist. Oder Arbeitsplätze und Verdienstmöglichkeiten schafft. Auf jeden Fall fängt der Inselbesuch abenteuerlich an, und dann hat man vier oder fünf Stunden Zeit für zollfreien Einkauf. Lung Wai heißt die Straße im Unterland, wo man Spirituosen, Parfums und Tabak günstig kaufen kann.

Entfernungen (in km) zwischen wichtigen Orten in Ostfriesland

	Aurich	Dornum	Emden	Greetsiel	Großefehn	Jever	Leer	Neuharlingersiel	Norden	Papenburg	Wilhelmshaven
Aurich	–	21	26	33	16	34	32	37	34	52	51
Dornum	21	–	47	47	37	32	53	18	26	73	49
Emden	26	47	–	20	42	60	31	63	30	51	76
Greetsiel	33	48	15	–	43	67	46	63	21	66	84
Großefehn	10	21	36	43	–	44	22	47	44	42	61
Jever	34	34	60	67	44	–	66	29	58	86	17
Leer	32	53	31	46	22	66	–	69	66	20	83
Neuharlingersiel	37	18	63	63	47	29	69	–	43	89	44
Norden	34	26	30	21	44	58	66	43	–	81	85
Papenburg	52	73	51	66	42	86	20	89	81	–	103
Wilhelmshaven	51	49	76	84	61	17	83	44	85	103	–

600 n. Chr.
Die Friesen wandern von Westen in das heutige ostfriesische Gebiet ein.

Um 775
Auf Befehl Karls des Großen beginnt die Missionierung der Friesen. Die Friesen halten energisch an ihren heidnischen Bräuchen fest und erschlagen auch hin und wieder einen Missionshelfer. Nach der Eroberung und Christianisierung Sachsens fällt auch der friesische Widerstand. Das karolingische Königtum bringt für Friesland die unmittelbare Königsherrschaft, das heißt, die »freien Friesen« waren nur dem König untertan, es bildete sich kein Stammesherzogtum.

Um 1000
Der gemeinsame Bau des Goldenen Ringes der Deiche zum Schutz des Landes beginnt.

Ab 1200
Die ostfriesischen Landesgemeinden entwickeln sich, 14 genossenschaftliche Organisationen, die ein kollektives Bewusstsein der Zusammengehörigkeit entwickeln, sich untereinander jedoch heftig befehden. Im Schutz der Deiche gedeihen Wirtschaft und Handel. Das neu gewonnene Marschenland ist fruchtbar, die Besiedelung wird dichter. Im 13. Jahrhundert entsteht eine große Zahl von Kirchenbauten.

1464
Ulrich I. Cirksena wird mit Ostfriesland als Reichsgrafschaft beliehen. Damit ist Ostfriesland Reichsgrafschaft geworden und in die feudale Hierarchie des Deutschen Reiches eingegliedert.

1498
Herzog Albrecht, im Dienst der burgundischen Herrschaft in den Niederlanden, wird von König Maximilian mit Friesland belehnt. Das war zu der Zeit das ganze Gebiet westlich der Zuidersee.

1520
Die Reformation bringt ständige Zerwürfnisse in Ostfriesland mit sich. Die Auflösung der kirchlichen Gemeinden bedroht auch die innere politische Stabilität der Grafschaft Ostfriesland.

1595
Bei der Emder Revolution lehnen sich die wohlhabenden Städter gegen einen schwachen Landesherrn auf.

1600
Die Cirksena erwerben das Harlingerland und regieren es zusammen mit Ostfriesland.

1618–1648
Der Dreißigjährige Krieg tobt auch in Ostfriesland und verwüstet es. Im Herbst 1622 wird Ostfriesland ohne Widerstand von den Truppen des Grafen Ernst von Mansfeld eingenommen. Die ostfriesischen Stände bewegen die mansfeldischen Truppen mit einer beachtlichen Summe Geld, das Land zu räumen. Von Dezember 1627 an aber besetzen kaiserliche Truppen der katholischen Liga Ostfriesland und bleiben bis 1631. Die dritte und längste Okkupation beginnt 1637 und dauert bis 1650, also über den Krieg hinaus.

1633
Ein Konsortium Emder Kaufleute beginnt damit, in Großefehn das Moor abzutragen, und begründet damit die Fehnkultur.

1665
Christine Charlotte, eine Tochter des Herzogs von Württemberg, regiert bis 1699 und schafft die Grundlagen für politische Veränderungen. Die Dame kehrt die nachgiebige Politik

ihrer Vorgänger den Ständen gegenüber um und schreckt auch vor Vertragsbrüchen nicht zurück.

1678
Der Kaiser verleiht den Landständen Ostfrieslands ein eigenes Wappen, das »Upstalsboomwappen«.

1693
Brandenburgische Truppen landen in Greetsiel: Die Hohenzollern ziehen ein.

1717
Die Weihnachtsflut überschwemmt das Land und hinterlässt Tote und riesige Schäden.

1725–1727
Die rebellischen Landstände kämpfen gegen ihre Regierung, die Cirksena.

1744
Der letzte Cirksena-Fürst stirbt ohne Nachkommen, Friedrich der Große ergreift Besitz von Ostfriesland.

1765
Der Preußenkönig erlässt ein Urbarmachungsedikt und leitet damit die Moorkolonisation ein, die, falsch geplant, fehlschlägt.

1800
Das Seebad Norderney wird eröffnet.

1806–1813
Ostfriesland wird nach der preußischen Niederlage gegen Napoleon zunächst holländisch, dann französisch.

1815
Preußen tritt das wiedergewonnene Ostfriesland gegen den Willen der Bewohner an Hannover ab.

1866
Ostfriesland fällt wieder an die Preußen.

1888
Es gibt einen Wasserweg durch Ostfriesland, den Ems-Jade-Kanal.

1899
Emden, zum Hafen für die Schwerindustrie des Ruhrgebietes geworden, erlebt einen enormen Aufschwung.

1942
Ostfriesland erhält auf Betreiben von Nationalsozialisten eine neue Verfassung »nach Führerprinzip«.

1944
Emdens Altstadt wird bei einem einzigen Bombenangriff völlig zerstört.

1946
Gründung des Landes Niedersachsen, die Ostfriesische Landschaft bekommt eine demokratische Verfassung als Kulturparlament.

1962
An 61 Stellen brechen die Nordseedeiche, 315 Menschen sterben in der Jahrhundertflut.

1978
Der Regierungsbezirk Aurich wird aufgelöst, die traditionelle politische Eigenständigkeit Ostfrieslands ist damit erloschen, es ist nur noch Teil Niedersachsens.

1996
Der Nationalpark Niedersächsisches Wattenmeer besteht jetzt zehn Jahre. Er ist nach wie vor gefährdet.

1998
Die Inseln feiern ihren 600. Geburtstag, d. h. die erste urkundliche Erwähnung.

2001
Nur Emden, Norden und Norddeich-Mole sind mit der Bahn noch direkt von Berlin, Frankfurt, Leipzig und dem Ruhrgebiet zu erreichen.

A
B
C
1
2
3
4
NORDERNEY
Spaniergat
Juist
Im
Loog
Juist
Hohe
Nationalpark Niedersächsis
Memmert
Norddeich
Lütjehörn
Osterwarf
NORDE
Westerwarf
Wurz
Utlandshörn
Leybucht
Charlottenp
Neuwesteel
Leybuchtpolder
5
Greetsiel
Moduelstewehr
Pilsum
Krumm-
hörn
Eilsum
Nienhof
Ostfries. Freilichtmuseum
Pewsum
Groothusen
Upleward
Leitfeueranstalt Campen
Campen
Gr.Midlum
Bierum
A
B
C
112
116

D
E
F
Accumer Ee
Melkhörn
21
Vogelkolonie
Langeoog
Langeoog
Wichter Ee
Baltrum
Westdorf
Ostdorf
Accumersieler Balje
orderney
Oase
1
2
3
4
Wattenmeer
10
Dornumersiel
Bensersiel
Hilgenriedersiel
Neßmersiel
Hagermarsch
Damsum
Nesse
Junkersrott
Dornum
ESENS
Roggenstede
Holtgast
Harlinger
Utarp
Arle
Ochtersum
Schloss Nordeck
Hage
etsburg
Burg Berum
Berum
Schweindorf
Großheide
Westerholt
Land
Nenn-Dorf
Berumbur
Neuschoo
Blomberg
114
Wilmsfeld
Halbemond
Berumerfehn
Eversmeer
Leezdorf
Langefeld
Ogen Bargen
steel
Ewiges Meer
Middels
Haddelke
Marienhafe
Dietrichs-feld
Rechtsupweg
Moorhusen
Upgant-Schott
Tannenhausen
Plaggenburg
72
Upende
Spekendorf
Ost-Victorbur
okmer-
Sandhorst
9
AURICH
Moordorf
Georgsheil
Egels
Abelitz
Haxtum
Popens
Kirchloog
Großes Meer
Schirum
Holtrop
210
Forlitz-Blaukirchen
Aurich Oldendorf
Ludwigsdorf
Ostersander
Hieve
Ochtelbur
rsweg
Ems-Jade-Kanal
Riepe
Ihlow
Ostgroßefehn
117
113
0
5 km
N
© MERIAN-Kartographie
Westgroßefehn

A
B
C
Spiekeroog
Spiekeroog
Spiekeroog
11
Harle
Nordse
Wange
West-Anleger
Wangerc
Olzumer balje
Vogelkolonie
Langeoog
Schillbalje
5
6
7
8
Buddelschiffmuseum
10
10
Neuharlingersiel
Harlesiel
Tengshau
Friederikensiel
Carolinensiel
Neugarms-
siel
Altgarms-
siel
ensersiel
Margens
Werdum
Alt-
funnixsiel
461
ESENS
Osteraccum
Pog
Tettens
Funnix
Berdum
oltgast
Wichtens
Kamphusen
Stedesdorf
Wittmunder Tief
Eggelingen
Dunum
Burhafe
Wiefels
Moorweg
Hattersum
WITTMUND
JEV
Blomberg
Burmönken
Ogen
Bargen
210
angefeld
Clevers
Addernhausen
Sandel
Middels
Ardorf
Klein Isums
Dumhusen
Leerhafe
Sch
Spekendorf
461
Hünengraber
Spekendorf
Kollrunge
Dose
Neuwiesedermeer
Reepsholt
Wiesedermeer
Wass
Brockzetel
Marcardsmoor
Friedeburg
Wiesede
Holtrop
Große-
fehn
Marx
Aurich
Oldendorf
Wilhelmsfehn
Wiesederfehn
Hopels
Streek
Bitze
437
ESMOOR

113
114
118

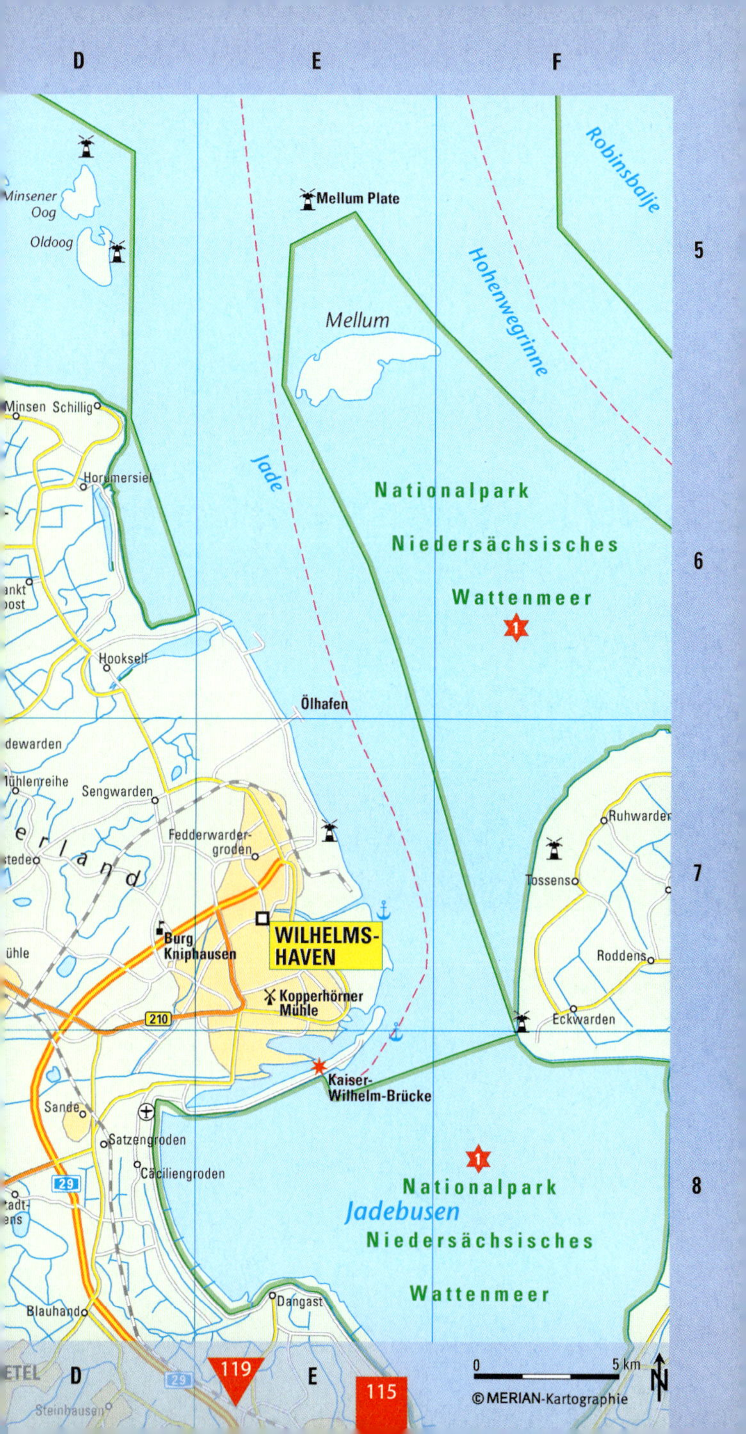
D
E
F
5
6
7
8
Minsener Oog
Oldoog
Mellum Plate
Robinsbalje
Mellum
Hohenwegrinne
Minsen
Schillig
Horumersiel
Jade
Nationalpark Niedersächsisches Wattenmeer
1
Hooksiel
Ölhafen
Sengwarden
Fedderwarder-groden
WILHELMS-HAVEN
Burg Kniphausen
Kopperhörner Mühle
210
Kaiser-Wilhelm-Brücke
Ruhwarder
Tossens
Roddens
Eckwarden
Sande
Satzengroden
Cäciliengroden
29
Jadebusen
Nationalpark Niedersächsisches Wattenmeer
Dangast
Blauhand
Steinhausen
119
115
0
5 km
N
© MERIAN-Kartographie

A
B
C
112
Groothusen
Upleward
Loppersum
210
Leitfeueranstalt Campen
Gr. Midlum
HINTE
Fort Blaukirch
Hieve
Harsweg
Campen
Ems
Uphusen
Uphuser-Klappe
Rysum
7
EMDEN
9
Larrelt
210
Wybelsum
Knock
Siel-u. Schöpfwerk
Borßum
Dortmund-E
Petkum
Ems
Pogum
Ditzum
Termunten
Dollart
Rheide
Woldendorp
Ditzumerhamm
10
Ditzumerverlaat
Marienchor
Dollart
Bunder-hammri
NIEDERLANDE
Bunderhee
Oostwold
Finster-wolde
Drieborg
Midwolda
Nieuweschans
Bunde
11
Beerta
Klein-Ulsda
Holth
WINSCHOTEN
Westerlee
Oudeschans
Boen
Wymeer
Bellingwedde
Diele
Bellingwolde
Blijham
Brual
31
Oude-Pekela
12
Tu
N368
Wedde
Alteveer
Rhede
Asche
N365
Veelerveen
A
B
C

113
D
E
F
Schirum
Holtrop
Große-
fehn
Ludwigsdorf
Ostersander
Aurich
Oldendorf
Wilhelmsfehn
Uchtelbur
Ihlow
Ostgroßefehn
436
Mittegroßefehn
Voßbarg
Ihlowerhörn
Westgroßefehn
Spetzerfehn
Simonswolde
Timmel
Strackholt
Hinrichs
9
Hatshausen
Boekzeteler Meer
Bagband
gaster
Fiebing
Neukamperfehn
Neufirrel
Moormerland
Firrel
Uplenge
Warsingsfehn
Iheringsfehn
Neermoor
Schwerinsdorf
Hesel
Reme
Terborg
70
Veenhusen
Critzum
Siel-und
Schöpfwerk
436
Ems
Holtland
72
Lammertsfehn
Nordgeorgsfehn Kanal
ngum
Brinkum
10
8
Logabirum
Filsum
Hollen
28
E22
d
Nortmoor
Loga
LEER
Leda
Wiltshausen
Jümme
Deternerl
118
Bingum
Neuburg
Ledasperrwerk
Stickhausen
436
Amdorf
Detern
Kirchborger
70
Jümme
72
Nordloher Tief
Potshausen
Leda
11
Folmhusen
Ihrhove
WEENER
Barßel
Collinghorst
Holterfehn
Mühle
Mark
West-
Mark
Ostrhauderfehn
Rauder-
438
verledingen
Westrhauderfehn
Flachsmeer
Strücklingen
Sater-
Völlen
Völlener-
fehn
Hahnentange
Langholt
land
Elisabeth
70
Völlener-
königsfehn
Ramsloh
fehn
PAPENBURG
12
1
72
Vosse Berg
Alt-Burlage
Scharrel
Mercedes-
Testgelände
Neu-Burlage
D
E
0
5 km
N
© MERIAN-Kartographie

A
B
C
114
Marcardsmoor
Friedeburg
Neustadt-gödens
436
Horsten
Wiesede
Marx
Blauhand
Wiesederfehn
Hopels
Streek
Bitze
437
ZETEL
Steinhausen
WIESMOOR
3
436
13
Voßbarg
Bentstreek
Neuenburg
Hinrichsfehn
Grabstede
Lengener Meer
Astederfeld
Grabstederfeld
Oltmanns-fehn
Neufirrel
Neudorf
Stapelermoor
Uplengen
Stapel
Halsbek
14
Remels
Eggeloge
Eggelogerfeld
Moorburg
Petersfe
Linswege
Ihausen
Hollwege
28
117
E22
WESTERSTEDE
Hollen
28
E22
Augustfehn
Westerloy
Langebrügge
Detternerlehe
Apen
Vreschen-Bokel
Lindern
15
Torsholt
Dreibergen
Aper Tief
Zwischenahner Meer
Ocholt
Rostrup
Nordloher Tief
Nordloh
BAD ZWISCHENAHN
Godensholt
Barßel
Wildenloh
Rothenmethen
Soeste
Lohe
Westerscheps
Edewecht
16
Strücklingen
Harkebrügge
Saterland
Osterscheps
Elisabethfehn
Elisabethfehnkanal
Soeste
401
Kampe
Husbake
72
Scharrel
A
B
C
118

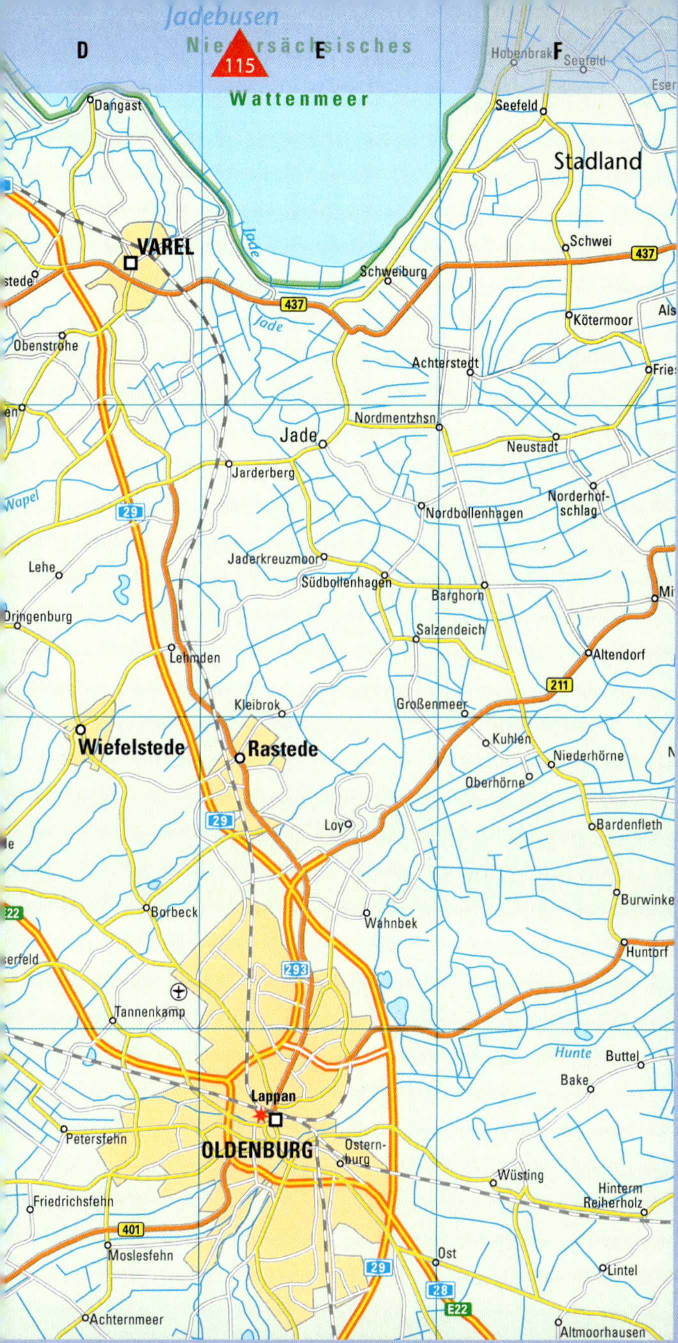
Jadebusen
Niedersächsisches
Wattenmeer
D
E
F
115
Dangast
Hobenbrake
Seefeld
Eser
Stadland
VAREL
Jade
Schwei
437
13
Schweiburg
Jade
Kötermoor
Obenstrohe
Achterstedt
Fries
Nordmentzhsn.
Jade
Neustadt
Jarderberg
Wapel
Norderhof-
schlag
Nordbollenhagen
29
14
Jaderkreuzmoor
Lehe
Südbollenhagen
Barghorn
Dringenburg
Salzendeich
Lehmden
Altendorf
211
Kleibrok
Großenmeer
Kuhlen
Wiefelstede
Rastede
Niederhörne
Oberhörne
29
Loy
Bardenfleth
15
Burwinkel
Borbeck
E22
Wahnbek
Huntorf
293
Tannenkamp
Hunte
Buttel
Bake
Lappan
Petersfehn
OLDENBURG
Ostern-
burg
Wüsting
Hintern
Reiherholz
16
Friedrichsfehn
401
Moslesfehn
Ost
Lintel
29
28
E22
Achternmeer
Altmoorhausen

0 5 km

N

Kartenregister

Orts- und Sachregister

Hier finden Sie alphabetisch aufgeführt alle in diesem Band beschriebenen Orte und Ziele, Routen und Touren. Bei einzelnen Sehenswürdigkeiten steht jeweils der dazugehörige Ort in Klammern, bei Hotels steht zusätzlich die Abkürzung H für Hotel. Außerdem enthält das Register wichtige Stichworte sowie alle MERIAN-Tipps dieses Reiseführers. Wird ein Begriff mehrfach aufgeführt, verweist die **fett** gedruckte Zahl auf die Hauptnennung im Band.

IMPRESSUM

Liebe Leserinnen und Leser,

Sie haben die komplett aktualisierte Neuausgabe 2002 von MERIAN live! vor sich, die von unserem Autor vor Ort nachrecherchiert wurde. Wir freuen uns, Ihre Meinung zu diesem Reiseführer zu erfahren. Bitte schreiben Sie uns, wenn Sie Berichtigungen und Ergänzungsvorschläge haben oder Ihnen etwas besonders gut gefällt.

Gräfe und Unzer Verlag, Reiseredaktion, Postfach 86 03 66, 81630 München
E-Mail: merian-live@graefe-und-unzer.de

Alle Angaben in diesem Reiseführer sind gewissenhaft geprüft. Preise, Öffnungszeiten usw. können sich aber schnell ändern. Für eventuelle Fehler übernimmt der Verlag keine Haftung.

Redaktion: Bärbel Kupec
Kartenredaktion:
Reinhard Piontkowski

Bei Interesse an Karten aus MERIAN-Reiseführern schreiben Sie bitte an: iPublish GmbH, geomatics, Berg-am-Laim-Straße 47, 81673 München. E-Mail: geomatics@ipublish.de

Gestaltung: Ludwig Kaiser
Karten: MERIAN-Kartographie
Produktion: Maike Harmeier
Satz: H3A GmbH, München
Druck und Bindung:
Stürtz AG, Würzburg

Alle Fotos O. Heinze außer:
laif/P. Hahn 20/21, 55 o, m, 59 m, 61, 64, 67 u, 73 m, 75 o, 77; M. Pasdzior 4/5, 7 m, 40, 67 o, m; Silvestris/H. Jokel 75 u

ISBN 3-7742-0546-9

Gedruckt auf Luxosamtoffset von Schneidersöhne Papier.

Auflage 5. 4. 3. 2. 1.